汉语篇章抽象语义
表示体系、资源构建与应用研究

魏庭新 著

东南大学出版社
SOUTHEAST UNIVERSITY PRESS
·南京·

图书在版编目(CIP)数据

汉语篇章抽象语义：表示体系、资源构建与应用研究 / 魏庭新著. —— 南京：东南大学出版社，2023.11
ISBN 978-7-5766-0939-4

Ⅰ.①汉… Ⅱ.①魏… Ⅲ.①汉语-语义学-研究 Ⅳ.①H13

中国国家版本馆 CIP 数据核字(2023)第 210033 号

责任编辑：陈　淑　　　　　责任校对：张万莹
封面设计：王　玥　　　　　责任印制：周荣虎

汉语篇章抽象语义：表示体系、资源构建与应用研究
Hanyu Pianzhang Chouxiang Yuyi：Biaoshi Tixi、Ziyuan Goujian Yu Yingyong Yanjiu

著　　者	魏庭新
出版发行	东南大学出版社
出 版 人	白云飞
社　　址	南京市四牌楼 2 号(邮编：210096)
经　　销	全国各地新华书店
印　　刷	广东虎彩云印刷有限公司
开　　本	700 mm×1000 mm　1/16
印　　张	11.75
字　　数	212 千字
版　　次	2023 年 11 月第 1 版
印　　次	2023 年 11 月第 1 次印刷
书　　号	ISBN 978-7-5766-0939-4
定　　价	69.00 元

本社图书若有印装质量问题，请直接与营销部调换。电话(传真)：025-83791830

前 言

篇章是大于句子的、表达一个完整语义信息、前后衔接连贯、具有一定交际功能的语言整体。让机器理解篇章语义是自然语言处理的终极目标之一。随着篇章长度的增加,其语义的歧义性、复杂度都呈指数级增长,这使得计算机理解篇章语义变得尤其困难。

近年来,随着深度学习技术的发展,在语音识别、词性标注、分词、句法分析等自然语言处理基础任务取得长足进展之后,篇章语义计算逐渐成为目前自然语言处理研究的热点和亟待解决的问题。篇章语义计算的基础是篇章的语义表示,机器通过读取篇章中的语义表示来理解篇章语义,可以说篇章语义表示的质量从基础上决定了篇章语义计算的性能。然而,现有的篇章语义表示体系较少、相关篇章语义资源仍然匮乏,因此本文依托抽象语义表示(Abstract Meaning Representation,AMR)方法,结合汉语篇章语义特点,构建汉语篇章抽象语义表示(Chinese Discourse Abstract Meaning Representation,CDAMR)体系,并在此基础上建立汉语篇章抽象语义语料库,将其应用于自然语言处理中的零指代消解任务。本文主要工作包括以下几个方面:

(1) 构建汉语篇章抽象语义表示(CDAMR)体系。针对现有篇章语义表示体系只对篇章某一方面语义进行表示的问题,本文借鉴 AMR 图表示理念,结合汉语篇章特点,提出一套适用于汉语的篇章抽象语义表示方法,对篇章结构语义关系和概念语义关系同时进行表示,从而为机器学习提供更加丰富和完善的语义表示。

(2) 建立汉语篇章抽象语义表示体系标注规范,开发标注平台 CDAMR Annotator,并在此基础上构建 CDAMR 语料库,为本文后续实验以及篇章关系识别等其他自然语言处理任务提供准确、有效的语义资源。

(3) 对 CDAMR 语料库进行数据统计与分析,考察汉语篇章语义特点。分析汉语篇章在结构语义关系及概念语义关系上的分布特点,对篇章图结构进行统计和分析;统计篇章中零代词的位置分布及其概念分布,为零指代消解及其他篇章语义计算任务提供有效的语义知识。

（4）基于CDAMR语料库的零指代消解研究。以零指代消解任务为例,验证CDAMR表示体系在篇章语义表示上的优越性,探索CDAMR语料库在自然语言处理中的应用价值。同时在模型中加入篇章语义信息,验证篇章语义知识对篇章语义计算任务的有效性,证明语言学知识对深度学习模型的重要作用。

本文构建的汉语篇章抽象语义表示体系,以图结构对篇章各单元、各层级语义进行表示,以揭示篇章内交错纵横的语义网络,既是篇章语言学理论在自然语言处理中的应用和深化,也是对汉语篇章语义表示体系理论的探索尝试。对汉语篇章抽象语义语料库的统计与分析为自然语言处理提供数据支持。同时,将结构语义关系和概念语义关系同时进行表示的综合性篇章语义表示方法也可以推广到其他语言的篇章语义表示。在此基础上的零指代消解实验也证明了本文构建的汉语篇章抽象语义表示体系及语料库在自然语言处理中的应用价值。

目 录

绪论 ··· 001
  一、研究背景 ·· 001
  二、研究对象与研究内容 ·· 005
  三、研究意义与研究方法 ·· 006
  四、章节安排 ·· 007

第一章　篇章语义理论及计算研究回顾 ······················· 009
  第一节　篇章语义学相关理论研究综述 ················· 009
    一、关于衔接与连贯的研究 ·································· 009
    二、宏观结构理论 ·· 012
    三、修辞结构理论 ·· 014
    四、主述位理论 ·· 015
    五、话题与话题链理论 ··· 016
    六、基于系统功能与认知的研究 ···························· 017
    七、国内关于篇章语义研究的进展 ························· 017
    八、存在的问题 ·· 019
  第二节　篇章语义表示体系与资源建设回顾 ············ 019
    一、篇章结构语义表示体系及资源建设 ·················· 020
    二、篇章话题结构表示体系及资源建设 ·················· 025
    三、篇章指代链表示及资源建设 ···························· 026
    四、存在的问题及研究趋势 ·································· 027
  第三节　篇章语义计算研究回顾 ···························· 028
    一、篇章关系自动识别 ··· 028
    二、指代消解 ··· 033
    三、存在的问题及研究趋势 ·································· 036
  第四节　AMR 和 CAMR 研究进展 ························ 037

一、抽象语义表示 AMR ··· 037
　　二、中文抽象语义表示(CAMR)研究进展 ······················· 039
本章小结 ·· 042

第二章　汉语篇章抽象语义表示体系的构建 ····················· 043
第一节　汉语篇章抽象语义表示的内容与方法 ················ 043
　　一、汉语篇章抽象语义表示的内容 ·································· 043
　　二、图文表示方法 ··· 044
第二节　汉语篇章结构关系语义表示 ····························· 047
　　一、篇章语义单元 ··· 047
　　二、篇章结构语义关系分类 ··· 048
　　三、篇章关系标记 ··· 055
　　四、语类标注 ·· 056
第三节　概念语义关系表示 ·· 057
　　一、共指链 ·· 057
　　二、概念类别 ·· 057
　　三、概念语义关系表示 ·· 059
　　四、主链与子链 ·· 064
第四节　汉语篇章抽象语义表示体系的特点 ··················· 066
　　一、对 AMR 及 CAMR 的继承与发展 ······························· 066
　　二、CDAMR 与其他篇章表示体系的不同之处 ················· 069
本章小结 ·· 071

第三章　汉语篇章抽象语义 CDAMR 语料库的构建 ············ 072
第一节　语料标注方法 ··· 072
　　一、语料来源 ·· 072
　　二、语料标注流程 ··· 073
　　三、标注平台介绍 ··· 074
第二节　语料标注质量分析 ·· 078
　　一、一致性评价方式 ··· 078
　　二、标注一致性统计 ··· 079
第三节　标注不一致因素分析及解决方案 ······················· 081
　　一、结构语义关系标注不一致分析及解决方案 ················· 082

二、概念语义关系标注不一致分析及解决方案 ·················· 087
　本章小结 ··· 091

第四章　CDAMR 语料库统计与分析 ······························ 092
　第一节　CDAMR 语料库基本数据统计 ························· 092
　　一、语料基本情况 ··· 092
　　二、语类分布 ··· 093
　　三、标注基本数据 ··· 094
　第二节　篇章结构语义关系统计与分析 ························· 094
　　一、基本数据统计 ··· 094
　　二、结构语义关系统计与分析 ································ 095
　　三、显式关系与隐式关系 ····································· 098
　　四、篇章顶层结构与底层结构语义关系统计与分析 ······· 102
　第三节　篇章概念语义关系统计与分析 ························· 105
　　一、基本数据统计 ··· 105
　　二、共指链篇章跨度、区间密度计算与分析 ··············· 106
　　三、零代词统计与分析 ······································· 112
　　四、子链统计与分析 ·· 116
　第四节　CDAMR 图论元共享分析 ······························· 117
　　一、代词共享语义表示 ······································· 118
　　二、零代词共享语义表示 ···································· 120
　　三、名词短语共指语义表示 ·································· 121
　本章小结 ··· 121

第五章　基于 CDAMR 语料库的零指代消解研究 ·············· 123
　第一节　相关研究 ·· 123
　　一、引言 ·· 123
　　二、指代消解研究回顾 ······································· 125
　　三、相关技术研究回顾 ······································· 127
　第二节　基于 CDAMR 语料库的汉语篇章零指代消解模型 ··· 134
　　一、数据集介绍 ·· 135
　　二、篇章语义信息 ··· 135
　　三、融入篇章语义信息的编码 ······························· 139

四、篇章信息感知的零指代消解模型 …………………………… 142
　　五、评估指标 …………………………………………………… 146
　　六、基线模型与参数设置 ……………………………………… 146
　　七、实验结果与分析 …………………………………………… 147
　第三节　篇章语义信息对模型性能提升的验证实验与分析 ……… 149
　　一、语料介绍 …………………………………………………… 149
　　二、基线模型介绍 ……………………………………………… 150
　　三、篇章语义信息有效性验证实验与分析 …………………… 152
　第四节　CDAMR 语料质量分析 …………………………………… 157
　本章小结 ……………………………………………………………… 161
结　语 …………………………………………………………………… 162
　一、工作总结 …………………………………………………………… 162
　二、工作展望 …………………………………………………………… 163
附录 ……………………………………………………………………… 165
参考文献 ………………………………………………………………… 169

绪 论

篇章,又称为语篇,是大于句子的、表达一个完整语义信息、前后衔接连贯、具有一定交际功能的语言整体。语义是篇章的核心内容,除去构成篇章的语言项的概念意义外,还包括语段间的逻辑意义、人际意义以及篇章的意图意义等,因此与词汇语义和句子语义相比,篇章语义的构成和表示更加复杂。随着自然语言处理技术的发展,人机对话、机器阅读理解、自动知识获取等任务及应用无一不依赖于机器对篇章语义的理解。而现有的篇章语义表示体系只对某一方面语义进行表示,缺乏对篇章多层级语义进行综合性表示的篇章语义表示体系及相应语义资源。针对这一问题,本书依托抽象语义表示(Abstract Meaning Representation,AMR[①])方法,对篇章结构语义关系和概念语义关系同时进行表示,结合汉语的特点建立汉语篇章抽象语义表示(Chinese Discourse Abstract Meaning Representation,CDAMR)体系,同时构建起一个汉语篇章抽象语义语料库,并将其应用于零指代消解任务。本项工作将篇章语言学理论研究成果应用于篇章语义表示体系的构建和自然语言处理应用,是语言学理论与机器学习融合的探索和尝试,同时为自然语言处理中的篇章语义计算提供理论基础和技术支持。

一、研究背景

语义是篇章的核心内容。自然语言具有模糊性、歧义性和复杂性等特点,而在篇章中,随着长度的增加,其语义的歧义性、复杂度都呈指数级增长,这使得计算机理解篇章语义变得尤其困难。因此让机器理解篇章语义是自然语言处理的终极目标之一。近年来,随着神经网络技术的发展,传统的语音识别、分词、句法分析等任务性能逐渐成熟,研究热点逐渐转向对篇章语义的理解。篇章语义计算逐渐成为目前自然语言处理研究的热点和亟待解决的问题。而要对篇章语义进

---

① L. Banarescu, C. Bonial, S. Cai, et al. Abstract meaning representation for sembanking. In Proceedings of the 7th Linguistic Annotation Workshop and Interoperability with Discourse, 2013:178-186.

行计算,基础便是篇章的语义表示。机器通过读取篇章中词语或句子的向量表示来理解篇章语义,可以说语义表示的质量决定了篇章语义计算的性能。

目前自然语言处理领域面向篇章的语义表示体系以树结构为主。树结构是一种非线性数据结构,它将数据元素按照分支关系组织起来,以表示数据间的层次结构关系。在句法分析领域,常用树结构来对句子成分和关系进行表示,其中最常用的就是句法成分结构树和依存树。在篇章语义表示中,也借鉴了树结构表示方式,其中影响最大的篇章树库有美国宾州树库[1]和修辞结构树库[2]。使用树结构对句子进行表示优势很明显,其结构清晰明了,易于计算机读取和遍历,因此被广泛用于自然语言处理各项任务。在用于篇章结构表示时,树结构可以较为清晰地展示出整个篇章自下而上的层级结构。图0-1是"When he took it up, it was as heavy as lead. And he was going to throw it away, because he thought a trick had been played upon him."这段篇章的修辞结构树。它将表示同一语义的多个句子认为是一个篇章单元,篇章单元间存在不同语义关系和由箭头表示的主次关系。图中数字为每个篇章单元的小句索引,以箭头指向的单元为核心。可以看到该篇章的修辞结构树中第一层的第1小句和第2小句为共现(Concurrence)关系,其中第2小句为该篇章单元的核心;第3小句和第4小句为因果(Cause)关系,其中第3小句为该篇章单元的核心;1、2小句和3、4小句组成的篇章单元之间为连接(Conjunction)关系,两个篇章单元之间地位相等,没有主次之分。通过遍历这样一个篇章树结构,很容易得到篇章各句子间的关系。

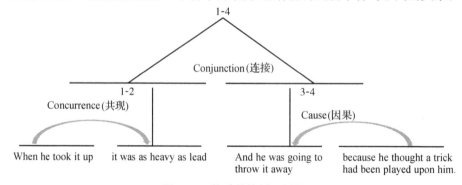

图0-1 修辞结构树示例图

---

[1] R. Prasad, N. Dinesh, A. Lee, et al. The Penn discourse treebank 2.0. In Proceedings of the 6th International Language Resources and Evaluation, 2008:2961-2968.

[2] W. C. Mann, S. A. Thompson. Rhetorical structure theory: Toward a functional theory of text organization. In Text-Interdisciplinary Journal of the Study of Discourse, 1988, 8(3):243-281.

然而树结构在篇章语义表示中也有不足之处,即树结构中每个节点只与上层节点有关系,与同级节点不存在关系。本质上来说,它反映的是句子以上语言单位之间的两两关系。该情况在宾州树库中更加明显,图0-2是宾州树库的标注示例:

> *Financial planners often urge investors to diversify and to hold a smattering of international securities.* <u>And</u> **many emerging markets have outpaced more mature markets, such as the US and Japan.**
>
> (Expansion. Conjunction-wsj_0034)

图0-2 宾州树库语义关系标注示例图

其中右下角括号内是标注的两个句子之间的语义关系为扩展(Expansion)大类的连接(Conjunction)小类,其后"wsj_0034"为该段语料的来源和编号,即《华尔街日报》第34篇。两个句子之间的连接词"And"用下划线表示出来。可以看到,该标注对相邻两个句子的语义关系进行了标注,而它们在篇章中所起的作用以及其他句子和篇章单位的关系并没有体现。这种标注处理粒度较粗,在一些实际应用中无法提供精确细致的篇章语义信息。

对于这种纵横交错的语义关系,使用图结构将多个节点关联起来对于篇章语义表示来说是一种更加符合语言实际的表示方法。

抽象语义表示AMR是一种新型的语义表示方法,它采用图结构来表示一个句子的语义。这种表示方法在保留了句子树形主干结构的同时,还使用了有向无环的逻辑图结构,实现了对句子中论元共享现象的表示[①]。同时它还允许添加原句缺省的概念节点,以更好地表示其隐含意义。中文抽象语义表示(Chinese Abstract Meaning Representation,CAMR)在考虑汉语特点的基础上继承和发展了AMR,建立了一套中文抽象语义的表示方法。不过AMR和CAMR都是对句子语义进行表示,没有考虑到篇章语义的表示方法。因此本文借鉴AMR和CAMR图表示方法,将其应用到篇章抽象语义表示中,以篇章语言单位为概念节点,语义关系为边,补齐省略概念和关系,标示共享论元,在对篇章结构语义关系进行表示的同时,深入句子内部,对句子内部实现跨句篇章关系的概念语义关系进行表示,如图0-3的例文所示。

---

① 曲维光,周俊生,吴晓东,等:《自然语言句子抽象语义表示AMR研究综述》,《数据采集与处理》,2017年第1期,第26-36页。

```
evaluation
  arg1:background
    arg1:p0.s0 菜园[L1]里,冬瓜[M1]躺在地上,茄子[M2]挂在枝上。
  arg2:expansion
    arg1:interpretation
      arg1:p1.s0 屋檐下,燕子妈妈[F1]对燕子[F2]说:"你[F2]到菜园[L1]去,[F2]
                 看看冬瓜[M1]和茄子[M2]有什么不一样?"
      arg2:p1.s1 小燕子[F2]去了,[F2]回来说:"妈妈[F1],妈妈[F1],冬瓜[M1]大,
                 茄子[M2]小!"
    arg2:interpretation
      arg1:expansion
        arg1:p2.s0 燕子妈妈[F1]说:"你[F2]说的对。
        arg2:p2.s1 你[F2]能不能再去看看,[M1][M2]还有什么不一样?"
      arg2:p2.s2 小燕子[F2]又去了,[F2]回来说:"妈妈[F1],妈妈[F1],冬瓜[M1]是绿的,
                 茄子[M2]是紫的!"
    arg3:interpretation
      arg1:contrast
        arg1:p2.s3 燕子妈妈[F1]点点头,[F1]说:"很好。
        arg2:p2.s4 可是,你[F2]能不能再去仔细看看,它们[M1][M2]还有什么不一样?"
      arg2:p3.s0 小燕子[F2]又去了,[F2]回来高兴地说:"妈妈[F1],妈妈[F1],
                 我[F2]发现冬瓜[M1]的皮上有细毛,茄子[M2]的柄上有小刺!"
    arg2:p3.s1 燕子妈妈[F1]笑了,[F1]说:"你[F2]一次比一次有进步!"
```

图 0-3 篇章抽象语义表示标注示例图

其中篇章单元间以语义关系为父节点,涉及的篇章单元为其关系论元(argx),句子序号以 pi.sj 表示,其中 pi 为段落索引,sj 为句子索引。可以看到,该文 CDAMR 表示方法不仅对句子之间的语义关系进行表示,如 p2.s3 与 p2.s4 之间是转折(Contrast)关系,还对句子组成的更大篇章单元之间的关系进行表示,如 p2.s3、p2.s4 一起与 p3.s0 组成解说(Interpretation)关系,由此层层向上,从而实现对整个篇章结构语义关系的表示。与此同时,对篇章中分布在多个句子中、指向同一概念的不同词语使用同一共指链来进行表示,对缺省的论元进行补齐,对共享论元进行指示。如 p2.s0 等句中为代词"你"指示其概念为 F2 共指链概念"燕子",同时为 p1.s0 分句"看看冬瓜和茄子有什么不一样"补全其缺省的施事概念"燕子",用该概念的共指链编号在相应位置标注。这样不仅实现了篇章不同结构单元间语义关系的表示,还深入到句子内部,实现了概念间语义关系的表示。这样的表示方法可以为自然语言处理任务提供更多的篇章语义信息。如文本摘要时,可以读取篇章结构,得到该篇章根节点语义关系为评价(Evaluation)关系,p3.s1 句为其中心论元,也就是说,该篇章中心句

为"燕子妈妈笑了,说:'你一次比一次有进步!'"之后通过读取代词"你"的共指链信息,可以得到"你"指向概念"燕子",从而得到篇章核心语义"燕子妈妈夸奖燕子一次比一次有进步"。本文旨在建立汉语篇章抽象语义表示体系,并在此基础上构建起一个图结构的篇章抽象语义语料库,并最终应用于自然语言处理实践中。

二、研究对象与研究内容

本书的研究对象为篇章,即大于句子的、表达一个完整语义信息、前后衔接连贯、具有一定交际功能的语言整体。在英文中有"text"和"discourse"两种术语表示,在中文中对这两个词语的翻译有"篇章""语篇"和"话语"三种术语表述方式。通常来说"text"和"语篇"用于指静态的书面语篇,而"discourse"和"话语"常用于指动态的、与交际情景有关的话语口语。Kinneavy[1]等人认为,"discourse"指的是关于某个主题的、大于句子且相互联系、符合逻辑的表达,可以指口语,也可以指书面语。De Beaugrande[2]等人认为,英语的"text"就是使用中的"discourse"。在自然语言处理中,多使用"篇章"一词,因此本书忽略几种术语间的细微差异,涉及相关概念时均以"篇章"指代。

本书研究内容包括:

1. 构建汉语篇章抽象语义表示(CDAMR)体系。针对现有篇章语义表示体系只对篇章某一方面语义进行表示的问题,本文借鉴 AMR 图表示理念,结合汉语篇章特点,提出一套适用于汉语的篇章抽象语义表示方法。具体包括对篇章中各层级结构语义关系和概念语义关系同时进行表示,将篇章表示为抽象语义图,从而为机器学习提供更加丰富和完善的语义表示。

2. 构建汉语篇章抽象语义表示(CDAMR)语料库。在汉语篇章抽象语义表示体系标注规范的指导下,开发标注平台 CDAMR Annotator,构建一个对篇章结构语义关系和概念语义关系同时进行表示的汉语篇章抽象语义语料库,为本文后续实验以及篇章关系识别等其他自然语言处理任务提供准确、有效的语义资源。

3. 对 CDAMR 语料库进行统计与分析,考察汉语篇章语义特点。分析汉

---

[1] R. E. Freeman, J. L. Kinneavy. A theory of discourse: The aims of discourse. College Composition and Communication, 1973, 24(2):228.

[2] R. De Beaugrande, W. U. Dressler. Introduction to text linguistics. London: Longman, 1981.

语篇章在结构语义关系及概念语义关系上的分布特点,对篇章图结构进行统计和分析;统计篇章中零代词的位置分布及其概念分布,为零指代消解及其他篇章语义计算任务提供有效的语义知识。

4. 基于CDAMR语料库的自然语言处理研究,将CDAMR语料库作为数据集应用于零指代消解研究,验证CDAMR在篇章语义表示方面的优越性。探索CDAMR语料库在自然语言处理中的应用价值,同时在模型中加入篇章语义信息,验证篇章语义知识对篇章语义计算任务的有效性,以及语言学知识对深度学习模型的重要作用。

三、研究意义与研究方法

（一）研究意义

1. 理论价值

（1）构建汉语篇章抽象语义表示体系,实现汉语综合性篇章语义表示体系及语义资源建设的突破。本书面向自然语言处理对篇章深层语义学习的需求,结合汉语特点,建立和完善汉语篇章抽象语义表示体系,以期推动篇章语义学研究的深入和汉语篇章语义资源建设。

（2）提出以图结构对篇章语义进行表征。图表示方法能够对篇章中的跨距离、论元共享、多节点交互等语义关系进行表示,更加符合自然语言中语义分布的特点,不仅是对篇章语义表示体系新方式的探索,也是未来语义表示的新方向,同时也可以推广到其他语言的篇章语义表示中。

（3）理论语言学和机器学习的融合。将篇章语义学研究理论成果融入篇章语义表示和模型编码,提升零指代消解任务性能,使机器能够更好地理解人类语言,既是语言学理论在实际应用中的实践,也是理论语言学和机器学习融合的进一步探索。

2. 应用价值

（1）本书研究成果可以应用于自然语言处理中的各项下游任务。通过构建一套机器可以理解的文本表示体系,使得机器能够理解篇章深层语义,从而为指代消解、机器阅读理解、自动作文评分、舆情监控等多种自然语言处理任务提供支持。

（2）本书研究成果可以服务于篇章语言学理论研究。本课题建立篇章抽象语义语料库,为篇章语言学研究提供语料,以辅助篇章语言学研究。

(二) 研究方法

1. 定性研究与定量研究相结合,通过理论分析,构建汉语篇章抽象语义表示体系,分析汉语篇章特点;通过实验,验证篇章语义信息对篇章语义计算任务的有效性和重要性。

2. 语言学理论知识与实际语料分析相结合。在对篇章抽象语义进行表示时,一方面吸收借鉴篇章语义学研究成果,一方面结合汉语篇章实际情况,并在标注过程中通过标注错误反馈来不断对表示体系进行修正和提升。

3. 语言学理论和深度学习技术相结合。采用 RNN、Attention 等深度学习技术,利用 BERT 等预训练模型,对表征化的篇章语义知识进行学习,以提高机器理解篇章语义的性能,实现语言学理论知识和深度学习技术的融合。

四、章节安排

本书研究内容共分七个部分:

第一部分即"绪论",论述篇章语义计算在语言学理论和自然语言处理领域的重要性,提出本书的研究理论价值和实践价值,同时阐述了本书的研究思路和研究方法。

第二部分即"第一章",对篇章语义学理论研究、体系构建、资源建设及计算研究的发展脉络进行了回顾和总结,同时梳理了 AMR 及 CAMR 在语义表示方面的特点及发展状况。

第三部分即"第二章",提出 CDAMR 表示体系,首先介绍相关理论;其次对篇章语义进行形式化描述,在改进其他表示体系问题和发展 CAMR 基础上,提出 CDAMR 表示体系,包括概念表示体系和结构语义表示体系两大分体系,并分别对其介绍;最后对 CDAMR 表示体系相对以往表示体系的发展与进步进行梳理。

第四部分即"第三章",论述 CDAMR 语料库的构建情况,包括语料来源、标注策略及标注方法、标注平台的开发与构建、语料一致性分析、语料不一致问题分析与解决方案等。

第五部分即"第四章",论述基于 CDAMR 语料库的汉语篇章统计分析,涵盖了汉语篇章结构语义关系统计,包括结构语义分布、宏观结构和微观结构、隐式关系和显式关系;汉语概念语义关系统计,包括共指链统计与分析、零代词位置分布与分析、子链分化统计与分析等。

第六部分即"第五章",论述基于CDAMR语料库的零指代消解研究。首先介绍篇章语义信息编码的方式;其次基于CDAMR语料库,将篇章语义信息融入篇章语义表示,进行零指代消解任务;之后对比两个基线模型,验证篇章语义信息的加入对零指代消解任务的有效性;最后通过消融实验对本书CDAMR语料库质量进行分析。

第七部分即"结语",为本书研究的总结与展望。

第一章
篇章语义理论及计算研究回顾

20世纪50年代起,语言学家们将研究目标从语音、词汇、短语、句子等转向篇章,开始了对篇章语义的研究,从起初对衔接连贯的研究逐渐扩展到篇章语义结构、信息结构、话语功能等多个维度的研究和讨论。进入21世纪,计算机技术迅猛发展,让机器理解语言成为可能。近几年随着神经网络技术的发展与成熟,语音、词汇、句子级的处理性能日益提高,篇章的语义计算逐渐成为当前研究的热点。本章首先梳理语言学理论中篇章语义研究的发展脉络,然后对篇章语义表示体系和资源建设情况进行梳理,最后对目前自然语言处理中篇章语义计算的历史和现状进行回顾和总结。

第一节 篇章语义学相关理论研究综述

20世纪50年代起,美国语言学家Harris发表《语篇分析》[1]、《语言结构中的共现与转换》[2]等系列文章和论著,首次将语言学研究对象扩展到了大于句子的语言单位,阐述了篇章研究的重要性,并提出了成分确定、类别分布和篇章结构形式化等篇章研究的内容和方法。其中"出现在相似上下文中的词语享有相似的意义"这一分布式假说理论成为词向量技术的灵感之源与理论基础,在此理论指导下发展起来的词向量技术成就了自然语言处理跨越一个时代的进步。在Harris之后,篇章语义学研究逐渐在欧洲和美洲兴起。

一、关于衔接与连贯的研究

对于什么是篇章,1981年De Beaugrande出版论著《篇章语言学入门》[3],在

---

[1] Z. S. Harris. Discourse analysis. Language, 1952, 28(1):1.
[2] Z. S. Harris. Co-occurrence and transformation in linguistic structure. Language, 1957, 33(3): 283-340.
[3] R. De Beaugrande, W. U. Dressler. Introduction to text linguistics. London: Longman. 1981:3-11.

其中提出了篇章的七个标准：衔接性、连贯性、意图性、可接受性、信息性、情景性、跨篇章性，得到学者们的广泛认同。其中衔接性指的是篇章表层成分之间有序的相互联系的方法。连贯性指的是篇章中深层语义中各种概念间相互依存和相互关联，其中篇章深层语义包括了概念结构和关系结构，概念结构为人脑中存在的可激活的知识结构；关系结构为出现在篇章深层语义中的概念之间的联系。意图性是指篇章作者以篇章来实现交际意图时所采用的方法的总和。可接受性是指篇章接受者会将篇章作为一个衔接、连贯的整体加以接受，因此对于篇章中的不衔接、不连续等现象实施连贯化操作和推断以把握对篇章语义的理解。信息性是指篇章要传递对于篇章接受者来说一定的新信息。情景性是指使篇章意义与事件情景联系起来的所有因素，包括上下文、事件发生的环境和场景等，篇章的生成和理解都离不开具体的情景。跨篇章性是指篇章的生成和理解离不开篇章作者和接受者对其他篇章知识的理解和吸收。这七个标准中衔接和连贯是以篇章为中心，对篇章自身语言形式和语义而言的，是篇章特征的重要内容，是实现其他特征的基本手段。另外五个标准则关注了篇章参与者和语境以及篇章生成和理解的心理、信息、语用等各方面的因素。这一理论揭示了篇章作为交际单位的本质，为后期篇章语言学研究提供了理论基础和研究方向。其中衔接和连贯一直是篇章研究的重要内容。

70年代Halliday(韩礼德)等出版《英语的衔接手段》[1]，提出"衔接"这一概念：语篇中一些成分的解释依赖于另一些成分的解释，一个成分预设另一个成分，如果不参照前一个成分，后一个成分则无法解释，这种成分之间的语义关系就是衔接。衔接揭示出篇章内部意义之间的联系，并将篇章连接为一个整体。在书中，Halliday分析了英语的五种衔接手段：指称、替代、省略、连接和词汇衔接。指称又分为构内指称(Endophora)和构外指称(Exophora)，其中构外指称指的是在篇章内无法得到揭示，需要篇章外的情景或者人的世界知识才能够得到解释的指称；而构内指称则是在篇章内即可以得到解释的指称。根据指称和可获得解释的位置指称可以分为回指(Anaphora)和下指(Cataphora)，回指即从前文可以得到解释的指称；而下指则是需要从下文得到解释的指称。根据指称内容的不同，指称包括人称指称、指示指称和比较指称。

替代是指用一些词语或成分替代上下文出现过的词语。替代的手段有三

---

[1] M. A. K. Halliday, R. Hasan. Cohesion in English. New York: Longman, 1976.

种:名词性替代、动词性替代和从句替代。替代涉及的两个语言单位形式上虽然不同,但在意义层面同样存在着同指关系。

省略是篇章衔接另一种常用的方式,指句子中一些成分由于前文已经出现、避免重复删掉后出现的缺省。篇章中的名词、动词、代词都可以省略。省略体现的是两个语言单位意义上的同指关系。

连接是使用连词、副词和介词短语等语法手段建立起从句之间的语义关系,可以分为添加(Additive)、转折(Adversative)、原因(Causal)和时间(Temporal)四种。

词汇衔接方式包括词语重复、同义词、反义词、上义/下义词以及搭配。1980 年 Holliday[1] 等人进一步提出,篇章中某些具有相似特征的词项可以组成链,这些链可以分为由名词或代词构成的同一链(Identity chain)和动词或形容词构成的相似链(Similarity chain)。同一链各成员之间是同指关系,相似链各成员之间是同类关系或同延关系。同一链有的是局部的,有的是贯穿篇章的,这些链能够描述构成篇章的多元整合性要素的运作过程。一个篇章由多个链构成,多个链的总和就构成了篇章的整体性。

Hoey 在他的论著《语篇中的词汇模式》[2]中描绘了一种新型的基于词汇衔接的篇章分析体系。该书侧重于观察衔接的特征条目如何组合构成连贯的篇章、衔接的连贯如何促成篇章的连贯,以及衔接的存现如何影响句子作为完整命题之间的关系。他提出重复是语篇中的词汇衔接模式,并将重复分为简单词汇重复、复杂词汇重复、简单交互转述、简单部分转述、反义复杂转述、其他复杂转述、替代、指称、省略。他认为替代、指称、省略、同义、反义、近义等是同一词语或概念在篇章中出现的不同方式。书中还提出了量化连贯的方式,即包含三对或以上重复词汇的句子就可以认为是相互关联和连贯。此外,书中还建立重复关系矩阵,一方面可以发现句子与篇章中任意句子之间的关系,另一方面有助于辨识篇章中的词汇链。周光亚[3]提出衔接是连贯的基础和具体体现。篇章中有联系的成分就是衔接的标记(Token)。篇章中衔接标记的多寡对连贯不起决定性作用,只有把多个表示同一思想的篇章纽带串联起来,形成"链(Chain)",才能实现篇章的主题统一性。链中各成分形成的纵向聚合与链之间形成的横向组合就

---

[1] M. A. K. Halliday, R. Hasan. Text and context:Aspects of language in a social-semantic perspective. Working papers in Linguistics Tokyo,1980(6):4-91.
[2] M. Hoey. Patterns of lexis in text. Oxford:Oxford University Press,1991.
[3] 周光亚:《篇章连贯性的定量分析》,《现代外语》,1986 年第 4 期,第 11-17 页。

形成了篇章更高的语义模式"网(Grid)"。这种相互的关联度越高,篇章就越连贯。

从以上分析可以看出,学者们通过对指称、省略、重复、替代等的研究来探讨这些方式是如何形成篇章的连贯,以上四种形式上的衔接以及逻辑连接是连贯的手段,连贯本质上是由篇章中概念的同指关系形成的。本文继承衔接与连贯理论的思想,对篇章中多种衔接方式以及概念间语义关系进行形式化表示,探讨篇章衔接与连贯的关系。

二、宏观结构理论

1980 年 Van Dijk 出版论著《宏观结构》[①],提出了篇章宏观结构与微观结构的概念。他认为,篇章中存在着微观结构和宏观结构,微观结构是较低层次的句子之间的关系结构,而体现篇章整体意思的篇章的总体结构叫做宏观结构,只有具有宏观结构的句子序列才能称作篇章。连贯的篇章不仅体现于局部的连贯,也体现于整体的连贯,也就是话题、主题的连贯。

对篇章微观结构也就是句际关系的讨论中,Van Dijk 指出,句子之间的关系首先是语义关系,是它们外延含义的关联,是在抽象意义层面上的关联。这种关联存在于两个层面:一个是篇章单元之间整体存在语义接应关系;另一个则是篇章单元的某个部分之间的关联,典型的即互指性,也就是指代关系。微观结构通过一定的规则层层向上就得到了篇章的宏观结构,宏观结构能够体现篇章的主要思想脉络、决定篇章各部分之间的语义连贯和整体语义的一致。对于从微观结构到宏观结构的转换过程,他提出了四个规则,即删除、选择、概括和涵盖规则。删除规则用于删除不重要信息;选择规则用于选择重要信息,同时也删除部分信息;概括规则对多个信息进行概括,并用新组合的信息对原信息进行表示;涵盖规则要求新的信息必须蕴涵性保存原信息的内容。

除此之外,Van Dijk[②] 还注意到篇章的宏观结构与篇章的语类和模式有着密切的关系,不同语类的篇章会形成不同的篇章宏观结构。他以新闻篇章为例,介绍了其结构,如图 1-1 所示。

---

① T. A. Van Dijk. Macrostructures: An interdisciplinary study of global structures in discourse, interaction, and cognition. Hillsdale NJ:L. Erlbaum Associates,1980.
② T. A. Van Dijk. News as discourse. Hillsdale, NJ: L. Erlbaum Associates, 1988.

图 1-1 新闻篇章宏观结构示例

新闻篇章宏观结构常常包括两个部分：总括（Summary）和故事（Story）。总括包含标题和导语，故事包括情景和评论。除了 Van Dijk 之外，很多研究者也注意到了不同语类宏观结构的不同。Martin[1] 从教学的角度对儿童写作所涉及的语类如记叙文、说明文、评论文、报告等工具文和过程文以及故事语类等进行分析，提出故事语类的纲要结构是：摘要（Abstract）—起始（Orientation）—发展（Complication）—评价（Evaluation）—解决（Resolution）—结尾（Coda）[2]。除此之外，相同的语类也可能有不同的篇章模式。经过反复使用，各种体裁形成了各自特定的程式化的篇章组织结构和语言特征。胡曙中[3]分析了常见英语篇章模式，主要有：问题—解决模式，提问—问答模式，主张—反应模式，一般—特殊模式。其中问题—解决模式一般包括四个部分，分别是情景、问题、解决办法和评估。问题和解决办法是必备部件，是篇章的核心。

宏观结构理论在揭示篇章整体语义结构方面有着很大贡献，是本文篇章结构表示体系的理论基础之一。

---

[1] J. R. Martin. Types of writing in infants and primary school. 1984，《马丁文集·第三卷 语类研究》，上海：上海交通大学出版社，2012 年，第 9-31 页。

[2] J. R. Martin. Constructing experience: Some story genres. 1997，《马丁文集·第三卷 语类研究》，上海：上海交通大学出版社，2012 年，第 152-160 页。

[3] 胡曙中：《英语语篇语言学研究》，上海：上海外语教育出版社，2005 年，第 155-165 页。

三、修辞结构理论

20世纪80年代,Mann等[①]在计算机生成连贯篇章的研究中,提出并发展了修辞结构理论(Rhetorical Structure Theory,RST),旨在描写那些使篇章成为人类交际中有效且可理解的交际工具的功能和结构。该理论的基本假设有:(1) 篇章具有组织性,各个有明显功能的部分组成了篇章;(2) 篇章具有整体性和连贯性;(3) 功能性,即篇章的每个语段都服务于作者的目的,实现一定的功能;(4) 层级性,即篇章中由篇章最小的篇章基本单元层层向上组合,直至形成整个篇章;(5) 层级同质性;(6) 关系的组合性;(7) 关系的不对称性。其中的关系即其核心理论"修辞关系",认为篇章中语段之间存在着未经陈述但可以引申出来的关系命题。语段可以是篇章中最小的单元,即篇章基本单元(Elementary Discourse Units,EDU),也可以是段落或更大的章节。一个关系连接两个或多个语段,关系中比较重要的单元叫做核心单元(Nucleus),相对不太重要的单元叫卫星单元(Satellte)。当一个关系中包含一个核心单元和一个卫星单元时,称为单核关系(Mono-nuclear);当一个关系中包含多个核心时,称为多核关系(Multi-nuclear)。通过对大量真实语料的描写和分类,篇章各个语段由最小的分句开始,层层连接,组成更大一级单元,由此不断向上,直至整个篇章,最终将一个篇章表示为一个修辞结构树,并总结出5种构成修辞结构树的基本子树类型,如图1-2所示。

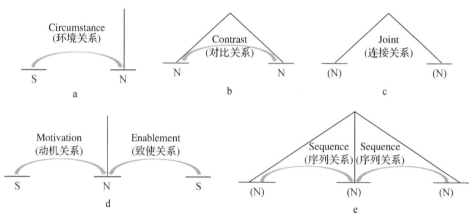

图1-2 RST修辞结构树子树类型图

---

① W. C. Mann, S. A. Thompson. Rhetorical structure theory: Toward a functional theory of text organization. Text-Interdisciplinary Journal of the Study of Discourse, 1988, 8(3):243-281.

其中,S 和 N 分别表示卫星单元和核心单元,竖线和斜线用于表示核心单元所在,箭头由卫星单元指向核心单元,弧上为篇章单元间关系,分别为环境关系(Circumstance)、对立关系(Contrast)、连接关系(Joint)、动机关系(Motivation)、致使关系(Enablement)和序列关系(Sequence)。由于连接关系(Joint)和序列关系(Sequence)中不存在卫星单元,就用"N"表示,涉及的篇章单元间不存在主次关系。五种类型中,a 类和 d 类代表的是篇章单元中同时包含卫星单元和核心单元,以及二者之间的关系;c 类和 e 类则表示的是篇章单元中只有核心单元的情况,以及相应的关系;b 类代表的对立关系中,所涉及的关系是对称且可以转换的,与其他四类皆有不同,因此单列一类。由于修辞结构理论是为解决计算语言学实际问题而提出的,因此有相应表示体系和语料标注资源,该部分内容见下一节介绍。

四、主述位理论

主述位理论最早由布拉格学派语言学家马泰休斯提出[①],用于描写句子所表示的信息结构。主位即句首表达的信息,是指说话人要表达的信息的出发点,是在语境中已知或明显的信息,位于小句的起始位置;述位是主位后面的信息,是话语的核心内容和要表达的新信息。在此基础上,Halliday[②]将这一理论用于分析句子,把句子看成由主位和述位构成,主位还可以划分成语篇主位、人际主位和话题性主位。在篇章中,主位与述位的交替推进构成了篇章推进的线性结构。在此研究基础上,国内外许多语言学家对篇章的主位推进结构有着深刻的讨论。Danes[③]对英语主位推进模式进行了归纳,列出了三种基本模式:连续主位发展型、线性发展型和派生主位发展型。国内学者徐盛桓[④]提出四种主位推进基本模式:平行发展、延续发展、集中发展和交叉性发展。

主述位理论揭示了篇章推进的方式,对于分析篇章组织结构之间的关系有着重要的作用。

---

① 马泰休斯:《关于句子的所谓实际切分》,王福祥、白春仁编:《话语语言学论文集》,北京:外语教学与研究出版社,1989 年,第 10 - 17 页。
② M. A. K. Halliday. An introduction to functional Grammar. London:Edward Arnold,1994:37 - 299.
③ F. Danes. Papers on functional sentence perspective. Prague:Academia,1974:106 - 128.
④ 徐盛桓:《主位和述位》,《外语教学与研究》,1982 年第 1 期,第 1 - 9 页。

五、话题与话题链理论

话题是语言学中的一个重要概念,Hocket[①]最早提出了话题这一概念,用以表示一种内涵与主语相似但又不容易从句法角度定义的语言学概念。在区分话题与主语时,陆俭明[②]提出主语是句法学概念,与谓语相对;话题是语用概念,与陈述相对。彭宣维[③]认为:话题是一个篇章信息片段的基本谈论对象,是一个以概念意义为基础的信息概念。在篇章中,如果一个话题进入篇章,并在篇章中再次出现时,就会形成话题链。篇章中某些相似的词汇项可以组成链,每个链都可以看成一个结构,有的链是局部的,有的链是贯穿篇章的,一个篇章就是由若干个这种链形成的结构组成,而这些结构的总和就构成了篇章的整体性。Tsao[④]最早提出了汉语话题链的概念,即由一个或多个语句组成且以一个出现在句首的共同话题贯穿其间的语段。屈承熹[⑤]对于话题链给出的定义则是:一组以零回指形式的话题连接起来的小句。汉语被认为是一种话题突出型语言[⑥],话题链是汉语篇章非常普遍的一种语言现象,因此对话题链的研究获得了许多学者的关注,也有丰硕的研究成果。徐赳赳[⑦]对汉语话题链的特征进行了总结,提出零形式、代词和名词都可以充当话题链的根节点,话题链可以分为局部话题链和全局话题链等。孙坤[⑧]区分了话题链与零回指的区别,指出话题链是结构性的,而零回指本质上是一种词汇语义关系。话题链的突出表现形式为零形式的使用,零形式所指内容不完全一致,但共享部分话题。总话题可以管辖所属辖域内的分话题,两者之间存在整体—部分、种属、领属等关系。彭宣维则认为,话题本身就具有篇章性,篇章的话题链系统能够实现小句以上包括复句、句群、段落、章节的衔接,并形成篇章内不同话题链之间的潜在网络关系。

---

① C. F. Hocket. A course in modern linguistics. New York:Macmillan,1958:201.
② 陆俭明:《现代汉语语法研究教程(第三版)》,北京:北京大学出版社,2005 年,第 252 页。
③ 彭宣维:《语篇主题链系统》,《外语研究》,2005 年第 4 期,第 6-13 页。文中"主题"和"主题链"相对应的英文分别为"topic"和"topic chain",与本文所讨论的话题一致,因此均用话题指代。
④ F. Tsao. A functional study of topic in Chinese:The first step toward discourse analysis. Taipei:Student Book Co.,1979:37-39.
⑤ 屈承熹:《汉语篇章语法》,北京:北京语言大学出版社,2006 年,第 248-252 页。
⑥ C. Li, S. A. Thompson. Subject and topic. New York:Academic Press,1984:457-489.
⑦ 徐赳赳:《现代汉语篇章语言学》,北京:商务印书馆,2010 年,第 316-325 页。
⑧ 孙坤:《汉语话题链范畴、结构与篇章功能》,《语言教学与研究》,2015 年第 5 期,第 72-82 页。

六、基于系统功能与认知的研究

20世纪90年代起,Martin、Rose等人继承了Halliday的系统功能语言学思想,陆续发表了对英语篇章系统结构分析的一系列论著,提出篇章中存在六个体系,即确认体系、概念体系、连接体系、评价体系、协商体系、格律体系。其中确认体系发展自Halliday的衔接理论,展示的是篇章谈论话题的引入构建和发展过程,参与者的引入就是篇章指称建立的开始,而参与者的追踪则是篇章指称链建立的过程;概念体系发展了Halliday小句概念功能中的及物系统理论,将之扩展到大于句子的篇章,讨论篇章中活动的构建,包括活动过程与活动参与者;连接体系则是继承了Halliday小句复合体连接关系和连接功能的理论,并将之进行扩展,区分了内部连接和外部连接、显性连接和隐性连接,并且将连接关系的种类进行了扩展;评价体系讨论的是篇章作者如何构建态度、调整态度强度,以表达作者的情感和判断等;协商体系探讨的是篇章的人际功能,即会话参与者如何在会话中指派言语角色、组织语步,体现在语言中的语气系统;格律体系探讨的是语篇的信息安排,从小句主位出发,在段落中发展为超主位,在篇章中则为宏观主位。

七、国内关于篇章语义研究的进展

国内关于篇章的研究最早可以追溯到南北朝时期的文体学研究。如刘勰在《文心雕龙》中就已经对句子与篇章的关系进行过讨论:"故章者,明也;句者,局也。局言者,联字以分疆;明情者,总义以包体,区畛相异,而衢路交通矣。"认为篇章要表达一个总义,需要汇总各个句子,构成完整的意义,篇章和句子虽然各不相同,但两者关系紧密相通。20世纪80年代起一些学者开始借鉴国外篇章语言学理论对汉语篇章问题进行分析讨论,如廖秋忠[1]归纳了汉语篇章中的论证结构;黄国文[2]讨论了篇章的连接手段和叙事结构;郑贵友[3]归纳了汉语篇章中的主位推进模式;张德禄[4]提出,衔接是篇章的有形网络,是连贯的标志。

---

[1] 廖秋忠:《篇章中的论证结构》,《语言教学与研究》,1988年第1期,第86-101页。
[2] 黄国文:《语篇分析概要》,长沙:湖南教育出版社,1988年,第87-157页。
[3] 郑贵友:《"小句中枢说"与汉语的篇章分析》,《汉语学报》,2004年第1期,第61-65页。
[4] 张德禄,刘汝山:《语篇连贯与衔接理论的发展及应用》,上海:上海外语教育出版社,2003年,第105-119页。

对于连贯的关系,研究者们多是从复句角度和句群角度着手。吴为章等[1]对句群的结构关系进行了分类,针对早期研究将复句分为联合复句和偏正复句两大类。邢福义[2]从逻辑关系入手,提出了将复句分为因果、并列、逆转三大类的分类体系。胡明扬等[3]将复句分为有关联词复句和无关联词复句,无关联词复句又分为意合句、流水句和排比句。除此之外,胡壮麟[4]首次系统地将篇章语义理论应用于汉语篇章分析,从及物性、指称性、结构衔接、逻辑连接、主位述位等多个方面对汉语篇章进行了分析,并根据汉语特点对已有理论做了补充和调整。屈承熹[5]以篇章为视角,探讨了汉语中的功能词在篇章中的功能和地位、汉语的信息结构、篇章回指对篇章结构的贡献、汉语话题链的特点及与小句的区别,以及篇章段落与超段落的分析等,都对汉语篇章研究有着重要的启发意义。徐赳赳[6]则讨论了篇章语言学与其他交叉学科的关系,并全面梳理了篇章类型、篇章现象、篇章话题、篇章回指、篇章层次结构和推进结构等,对汉语篇章研究有着重要的参考价值。高彦梅[7]继承并发展了 Martin 和 Rose 的系统功能篇章语义学理论,利用框架语义学研究方法,对篇章指称框架、事件框架、评价框架、立场框架、关系框架、协商框架和信息框架进行了描写和分析。叶枫[8]从形式—意义制约关系角度入手,探索篇章语义的构建,从小句之下、句子层、句际关系和语篇四个层次来讨论如何通过信息操作、知识整合、语义表征等语义操作来构建起一个整体的篇章语义,为研究篇章语义提供了新的思路。

在汉语话题研究方面,近些年来也有许多学者做了很多的探索。彭宣维[9]区分了句子话题和篇章主题,讨论了篇章中的主题链系统,并描述了篇章中主题迁跃的类型和方式。宋柔等[10]根据汉语特点,给出广义话题结构的概念和表示方法,并给出了话题句动态堆栈模型,是将篇章语言学理论与计算结合的

---

[1] 吴为章,田小琳:《汉语句群》,北京:商务印书馆,2000 年,第 33-49 页。
[2] 邢福义:《汉语复句研究》,北京:商务印书馆,2001 年,第 38-55 页。
[3] 胡明扬,劲松:《流水句初探》,《语言教学与研究》,1989 年第 4 期,第 42-54 页。
[4] 胡壮麟:《语篇的衔接与连贯》,上海:上海外语教育出版社,1994 年,第 26-154 页。
[5] 屈承熹:《汉语篇章语法》,北京:北京语言大学出版社,2006 年,第 143-314 页。
[6] 徐赳赳:《现代汉语篇章语言学》,北京:商务印书馆,2014 年,第 136-479 页。
[7] 高彦梅:《语篇语义框架研究》,北京:北京大学出版社,2015 年,第 45-251 页。
[8] 叶枫:《语篇语义学》,上海:上海世界图书出版公司,2017 年,第 111-262 页。
[9] 彭宣维:《语篇主题链系统》,《外语研究》,2005 年第 4 期,第 6-13 页。
[10] 宋柔,葛诗利,尚英,等:《面向文本信息处理的汉语句子和小句》,《中文信息学报》,2017 年第 2 期,第 18-24 页。

探索和开创之举。

八、存在的问题

纵观篇章语义学研究的发展，其理论基础逐渐深厚，研究视野逐渐从衔接、连贯等单一层面的研究逐渐扩大到篇章结构、信息推进、篇章作为交际单位的社会功能、心理特征等多方面、多层次的研究，呈现多视角、多层次、跨学科的趋势。尽管如此，我们仍然注意到目前的篇章语义学研究中依然存在着一些尚未得到很好解答的突出问题，如：

1. 篇章的语义究竟是什么？由哪些部分组成？是所有语言项意义的集合还是篇章的宏观语义？词语词汇义、句子命题义、句子与段落等篇章单元间结构义是如何自下而上构成篇章整体意义的？

2. 篇章语义如何表示？在已知语言项的基础上，如何才能够在最大程度上表示篇章的意义？

3. 篇章中结构语义和概念语义是如何相互影响、相互作用，共同形成篇章语义的？

本文继承篇章语言学理论，结合汉语篇章特点，对汉语篇章语义进行表示，从计算语言学角度出发，探讨篇章语义的构成与实现，从而为篇章语义分析与研究提供一个新的思路与途径。

第二节 篇章语义表示体系与资源建设回顾

目前已有的篇章语义表示体系主要基于衔接与连贯理论、修辞结构理论、主位推进理论、话题结构理论制定，主要有宾州树库体系、修辞结构体系等。在表征形式方面，篇章语义表征方法有线性结构、树结构、盒式结构等，目前自然语言处理中大多用树结构进行表征。在表示内容上，大部分表示体系和资源是对篇章结构语义进行表示，另外还有一些表示体系和资源对篇章话题结构和指代链进行表示。本节对现有的篇章语义表示体系和相应的资源建设进行总结和回顾。

一、篇章结构语义表示体系及资源建设

(一) 宾州树库表示体系

1. 宾州树库表示体系及其资源

宾州篇章树库(Penn Discourse TreeBank,PDTB)是语言数据联盟(Linguistic Data Consortium,LDC)2006年发布的标注篇章关系的语料资源,是目前最大、使用最多的篇章关系语料库,其表示体系也是目前使用较为广泛、影响较大的。它参照PropBank的标注方法,将篇章中的文本片段标记为(连接词,论元)结构,其中连接词是联系上下文本片段的关系词,被连接的两个文本片段被标记为Arg1、Arg2。它将篇章间的语义关系分为4种:显式/隐式连接关系(Explicit/Implicit)、基于实体的关系(EntRel)、词汇替代关系(AltLex),以及没有关系(NoRel)。其中显式/隐式连接关系的语义体系又根据粒度不同分为3层,第一层大类有4类,第二层种类有16类,第三层小类有23类。但实际使用中,由于第三层语义过于细致,不利于分类,绝大多数研究仅采用第一层和第二层分类。该语料库及其表示体系不切分文本结构,只关注篇章中两两句子间关系,对衔接、连贯以及篇章整体结构并不涉及。表1-1为该体系中的语义关系分类。

宾州篇章树库就是基于宾州树库表示体系建立的篇章语义资源,内容来源为《华尔街日报》(WSJ)的文章,至今仍然是使用最广泛的篇章语义资源。PDTB的标注示例见图0-2。2014年LDC推出了中文PDTB语料库(Chinese Discourse TreeBank),其在宾州中文树库8.0(Chinese TreeBank,CTB)[1][2]的基础上按照PDTB标注方式标注了163篇文章2891个句子,是PDTB标注体系在跨语言标注上的探索和实践。

---

[1] Y. Zhou, N. Xue. The Chinese discourse treebank: A Chinese corpus annotated with discourse relations. Language Resources and Evaluation, 2015, 49(2): 397-431.

[2] Y. Zhou, N. Xue. PDTB-style discourse annotation of Chinese text. In Proceedings of the 50th Annual Meeting of the Association for Computational Linguistics, 2012: 69-77.

表1-1 宾州篇章树库语义关系分类

大类	中类
因果(Contingency)	因果(Cause)、语用因果(Pragmatic Cause)、条件(Condition)、语用条件(Pragmatic Condition)
时序(Temporal)	同步(Synchrony)、异步(Asynchronous)
对比(Comparison)	转折(Contrast)、语用转折(Pragmatic Contrast)、让步(Concession)、语用让步(Pragmatic Concession)
扩展(Expansion)	连接(Conjunction)、实例(Instantiation)、重述(Restatement)、选择(Alternative)、例外(Exception)、罗列(List)

2. 哈工大篇章关系表示体系及资源

在宾州树库表示体系基础上,考虑到汉语篇章特点,哈尔滨工业大学社会计算与信息检索研究中心开发了篇章关系语料库 HIT-CDTB。在文本块间语义关系上,HIT-CDTB 分成了三类:显式关系、隐式关系和替换关系。在语义关系体系上,除增加一定语义关系外,其还考虑了顺序关系对中文篇章逻辑语义的影响。其语义关系体系如表 1-2 所示。

表1-2 HIT-CDTB 语义关系体系分类

第一层关系类别	第二层关系类别	第三层关系类别
时序	同步	
	异步	先序关系,后序关系
因果	直接因果	原因关系,结果关系
	间接因果	推论关系,证据关系
	目的	目的在前,目的在后
条件	直接条件	必要条件,充分条件,任意条件
	形式条件	形式条件在前,形式条件在后
比较	转折	
	事实对比	同向对比,反向对比
	让步	让步在前,让步在后
扩展	细化	例外关系,实例关系,解释说明
	泛化	
	递进	
并列	平行	
	选择	相容选择,互斥选择

在此基础上,哈工大构建了汉语篇章关系语料库,语料来自 OntoNotes 上的 525 篇中文文本。针对每篇文本,均标注了三种关系:分句篇章关系、复句篇章关系和句群篇章关系,在标注语义关系切分位置和关系外,对于隐式篇章关

系,还补足隐含的关系词。图1-3为HIT-CDTB标注示例。

```
____ Implicit ____
Source:这是埃斯特拉达第一次针对辛森上个月指控他收取非法赌博业者800万美元的
贿赂作出直接的回应。
{implicit=具体而言}埃斯特拉达表示,这笔钱仍然原封不动的在银行中。
____ Connective ____
Span:269
Content:具体而言
____ Arg1 ____
Span:196…267
Content:这是埃斯特拉达第一次针对辛森上个月指控他收取非法赌博业者800万美元的
贿赂作出直接的回应。
____ Arg2 ____
Span:268…303
Content:埃斯特拉达表示,这笔钱仍然原封不动的在银行中。
____ Sense ____
RelNO:4-3-1
Content:解释说明
____ Annotation ____
All:196 267 268 303 0 1 269 具体而言 1 4-3-1 解释说明
```

图1-3 HIT-CDTB篇章关系标注示例

其中,使用"Implicit"标示该段篇章单元为隐式关系,并补足了隐含的关系词"具体而言"。该段篇章的关系涉及的两个论元分别以"Arg1"和"Arg2"列出,并用"Span"给出起止位置,用"Sense"给出该段篇章隐式关系类别为"解释说明"。可以看到,该标注方式与PDTB相同,也是仅仅标注两个句子之间的关系,对篇章中其他语义关系并没有标注。

(二)修辞结构表示体系及资源

1. 修辞结构表示体系及资源

修辞结构表示体系是基于Mann等1988年提出的修辞结构理论(Rhetorical Structural Theory,RST)建立,该理论认为篇章句子及篇章单元之间不是并列的,而是存在着主次关系。将篇章文本进行切分,形成独立且能表达一定语义的基本篇章单元,对于两个基本篇章单元之间未经陈述但可以引申出来的关系称为修辞关系;将同一篇章内篇章单元间的修辞关系层次划分出来,层层叠加,直到顶层,最终形成一个修辞结构树。它与PDTB的不同之处在于,它区别了篇章单元前后的主次关系,并将这种结构关系分为单核和多核,以及为篇章间语义定义证据、证明、条件、解释等单核型关系和序列、对立、连接等多核型关系。RST 指出,篇章中的修辞关系与连贯有着紧密的联系,可以用来解释篇章的连贯性。Mann 提出,修辞关系是开放性的,在不同体裁、不同语言的篇章中,可能会有新的语义关系类型。其后也有一些研究对篇章修辞结构语义关系类型进行了探讨和扩充,其中最初提出的 25 类修辞结构语义关系被称为经典 RST[①],能够覆盖绝大部分语料的各种关系类型,其语义关系体系如表 1-3 所示。

表 1-3 RST 修辞结构语义关系分类

主次关系	语义关系
单核	证据(Evidence)、证明(Justification)、对照(Antithesis)、让步(Concession)、环境(Circumstance)、解答(Solution)、详述(Elaboration)、背景(Background)、使能(Enablement)、动机(Motivation)、目的(Purpose)、意愿性原因(Volitional Cause)、非意愿性原因(Non-volitional Cause)、意愿性结果(Volitional Result)、非意愿性结果(Non-volitional Result)、条件(Condition)、否则(Otherwise)、解释(Interpretation)、评估(Evaluation)、重述(Restatement)、总结(Conclusion)
多核	序列(Sequence)、对立(Contrast)、罗列(List)、连接(Joint)

修辞结构树库(Rhetorical Structure Theory-Discourse Treebank,RST-DT)是基于修辞结构理论、由 LDC 于 2002 年发布的针对篇章修辞结构标注的语料资源,该语料库标注内容为篇章结构和篇章单元间修辞关系,语料来自《华尔街日报》385 篇英文文章。

2. 汉语财经评论篇章语料库[②]

该语料库在修辞结构理论基础上,根据汉语财经评论类文章特点,定义了 12 组 47 种汉语修辞关系和 19 种新闻篇章组织元素。其共标注了 395 篇汉语财经评论文章,为每篇文章构建了一个修辞结构树。

(三)连接词驱动的汉语篇章结构表示体系及资源

苏州大学自然语言处理研究室将 PDTB 表示体系与修辞结构表示体系相结合,同时考虑到汉语篇章特点,建设了连接词驱动的汉语篇章语料库[③](SUDA-CDTB)。该语料库语料来自 CTB 6.0。语义关系分类上,借鉴宾州树库表示体系,结合汉语篇章特点,将篇章关系分成 4 个大类 17 个小类,其中 4 个大

---

① N. Nicholas. Problems in the application of rhetorical structure theory to text generation. Melbourne: The University of Melbourne,1994:14-24.
② 乐明:《汉语财经评论的修辞结构标注及篇章研究》,北京:中国传媒大学博士论文,2006 年。
③ 李艳翠:《汉语篇章结构表示体系及资源构建研究》,苏州:苏州大学博士论文,2015 年。

类分别为因果、并列、转折和解说关系。除此之外,还借鉴了修辞结构理论,采用树的形式来表示汉语的篇章结构,为每个篇章构建一棵篇章结构树,标注了篇章语义关系、中心、层次等信息。另外,SUDA-CDTB还显性补足隐含的关联词,其语义关系分类如表1-4所示,其语料标注示例如图1-4所示。

表1-4 连接词驱动的汉语篇章结构表示体系语义关系分类

语义类别	篇章关系
因果	因果关系、推断关系、假设关系、目的关系、条件关系、背景关系
并列	并列关系、顺承关系、递进关系、对比关系、选择关系
转折	转折关系、让步关系
解说	解说关系、总分关系、例证关系、评价关系

```
<R ID="8" StructureType="逐层切分" ConnectiveType="隐式关系" Layer="1" RelationNumber="单个关系" Connective="" RelationType="解说关系" ConnectivePosition="" ConnectiveAttribute="不可添加" RoleLocation="normal" LanguageSense="true" Sentence="据介绍,这十四个城市的城市建设和合作区开发建设步伐加快。|三年来,这些城市累计完成固定资产投资一百二十亿元,昔日边境城市的"楼不高,路不平、灯不明、水不清、通信不畅"的状况已得到了改变。经济合作区内已开发二十二点六平方公里,引进"三资"企业二百八十七家,实际利用外资八点九亿美元。此外,还有内联企业五千一百家,已投产工业项目一百七十五个。" SentencePosition="1…28|29…168" Center="2" ChildList="9" ParentId="-1" UseTime="31"/>
```

图1-4 汉语篇章结构语料库标注示例

可以看到,该语料库不仅标注了该篇章单元的语义关系类型"隐式关系"和关系类别"解说关系",还用句子索引标注了该篇章单元的中心指向"Center"、子节点"ChildList"和父节点"ParentId",更好地揭示了篇章结构和语义关系,但同样对于分句间更深层的语义联系则未涉及。

(四) 基于宏观篇章结构理论的表示体系及资源建设

苏州大学自然语言处理研究室还基于宏观结构理论,提出了以主次关系为媒介的宏观篇章结构框架,选取CTB 8.0中的720篇新闻报道作为原始语料,为每篇新闻报道标注其篇章话题、电头、导语、摘要和关系信息。其中关系信息为篇章标注主体,以段落为基本篇章单元,标注内容包括篇章中段落之间的结构、语义关系、主次关系和功能语用结构,从而将篇章表示为多层的篇章结构树。构建的语义资源为宏观汉语篇章树库(Macro Chinese Discourse Tree-

Bank,MCDTB)①。该表示体系从篇章宏观结构出发,着眼篇章宏观结构关系,是篇章语义关系表示的一大进步。但是,该表示方法仍然存在着一些问题:首先,所选语料全部为新闻语料,新闻语料在结构上有较强的相似性,无法体现篇章结构方式多样性的特点;其次,该表示体系以段落为基本篇章单元,对段落内部语义关系以及跨句、跨段等语义关系并没有进行表示。

以上篇章结构表示体系及资源汇总如表1-5所示。

表1-5 篇章结构表示体系及中文资源信息汇总

表示体系	资源	语种	文档数量(篇)	语料来源	语料类型	标注结构
PDTB体系	宾州篇章树库	中文	164	CTB	新闻	句子-句子
	哈工大汉语篇章树库	中文	525	OntoNotes	新闻	句子-句子
RST体系	汉语财经评论篇章树库	中文	395	人民网	新闻	篇章结构
PDTB+RST	中文连接词驱动的汉语篇章树库	中文	500	CTB	新闻	篇章结构
PDTB+宏观结构理论	宏观汉语篇章树库	中文	720	CTB	新闻	篇章结构

二、篇章话题结构表示体系及资源建设

篇章中的指称及其指代形式对于篇章理解非常重要,然而篇章指代体系方面的资源较少,主要是一些指代链方面的标注语料。由于话题在汉语篇章的研究中极为重要,国内一些学者专门做了一些汉语篇章话题方面的资源建设。

(一)汉语篇章广义话题结构表示体系及资源建设

该表示体系基于北京语言大学宋柔的广义话题结构理论构建,主要标注内容为以标点句为单位、标注篇章中的话题结构。目前已经标注了包括小说、散文、说明书、法律法规等多种语体在内的约40万字语料,其中《鹿鼎记》第一回的标注与说明已在网上发布。

(二)汉语篇章微观话题结构表示体系及资源建设

苏州大学自然语言处理实验室在其篇章结构语料库基础上,借鉴了主位推

---

① 褚晓敏:《宏观篇章结构表示体系、资源建设和计算模型研究》,苏州:苏州大学博士论文,2018年。

进理论,提出了汉语篇章微观话题结构表示体系。该表示体系对篇章中的主位和述位进行了表示,同时对篇章中的一些连贯手段做了表示。在此基础上,其构建了汉语篇章微观话题结构语料库①,语料同样来自 CTB 6.0,共 500 篇,标注了篇章话题主位和述位、微观话题结构、微观话题链等信息。

三、篇章指代链表示及资源建设

指代消解是自然语言处理的一个重要基础任务,但是目前并没有专门对篇章中指代现象进行全面描写和表示的表示体系。目前指代消解任务使用的是一些测评会议公开的指代链标注资源,其中影响较大的有以下几个:

1. MUC 语料。MUC(Message Understanding Conference,信息理解会议)是 20 世纪 80 年代至 90 年代美国国防高级研究计划委员会资助的自然语言处理方面的重要国际会议。其五大评测任务为命名实体识别、共指消解、场景模板填充、模板元素填充和模板关系确定。在标注共指关系时,使用 <COREF ID="x"> 表示实体,其中 x 为实体在文本中的序号,<COREF ID="x"REF="y"> 表示该实体的先行语信息。评测任务中需要对实体的共指关系进行消解。

2. ACE 语料。ACE(Automatic Content Extraction,自动内容抽取)评测会议也是重要的自然语言处理会议。会议主要评测任务为信息抽取,指代消解为其中一个子任务。2003 年起加入中文语料,是最早针对中文的指代消解评测资源。其评测语料中的指代信息采用指代链标注。同一指代链上的实体,其指代关系相同。不过它与 MUC 语料一样没有对省略即零指代现象进行标注。

3. OntoNotes 语料。OntoNotes 语料也是由 LDC 发布的一个大型语料,包括英语、汉语、阿拉伯语三种语言的语料,标注了多种信息,包括句法信息、谓词论元以及指代等。最新发布的 5.0 版本中汉语部分还增加了主语位置的零指代标注,但只标注了主语位置的零指代。

4. 中文跨文本指代语料库②。其主要面向将不同文章中指向同一实体的指代词语归入同一指代链的跨文本指代消解任务,由苏州大学在 ACE 2005 指

---

① 奚雪峰,褚晓敏,孙庆英,等:《汉语篇章微观话题结构建模与语料库构建》,《计算机研究与发展》,2017 年第 8 期,第 1833-1852 页。

② 赵知纬,钱龙华,周国栋:《一个面向信息抽取的中文跨文本指代语料库》,《中文信息学报》,2015 年第 1 期,第 57-62 页。

代语料上构建,主要标注内容为机构、组织、地理政治实体、人名等。

5. 面向事件的中文指代语料库①。其由上海大学在中文突发事件语料库上构建,以事件为知识表示单元文本,对事件要素进行指代标注。

以上资源的汇总信息如表1-6所示。

表1-6 指代链表示资源信息汇总

语料资源	语种	中文语料文档数量(篇)	语料来源	指代类型	面向任务
MUC	英文		新闻	实体	共指消解
ACE	英文、中文	451	广播、新闻	实体、事件	信息抽取 共指消解 事件消解
OntoNotes	英文、中文、阿拉伯文	1563	广播、新闻、博客、访谈	实体	代词消解 共指消解 零指代消解
中文跨文本指代语料库	中文	633	广播、新闻	组织、机构、地理政治实体、人名	信息抽取 重名消歧 多名聚合
面向事件的中文指代语料库	中文	332	新闻	事件	事件消解

四、存在的问题及研究趋势

可以看到,虽然随着自然语言处理的发展,语料库资源日渐丰富,但在篇章语义表示和语料库资源建设上,仍然存在着以下问题:

1. 篇章语义表示的理论体系仍然不够完善,已有的表示体系侧重于结构间逻辑语义关系的表示,对篇章其他层面的语义关系缺乏表示,有必要结合汉语特点,建立一个多方位表示篇章语义的篇章表示体系。

2. 目前关于篇章指代的语义资源更多关注共指指代、代词指代和事件,对于汉语篇章中非常常见的零指代现象,相应的语义资源和表示体系仍然匮乏,制约了相关任务性能的提升。

3. 当前篇章语义资源所用语料基本来自新闻、广播,在语类分布上比较局限,无法展现篇章结构和语义的全貌。

---

① 张亚军,刘宗田,李强,等:《面向事件的中文指代语料库的构建》,《上海大学学报(自然科学版)》,2018年第6期,第900-911页。

本书将对篇章抽象语义从篇章结构语义关系体系和概念语义关系体系两个层面进行联合表示,在对篇章结构和语义进行表示的同时,关注篇章概念语义关系,对包括零指代在内的篇章共指现象进行表示,以期建立起一个综合性的篇章语义表示体系,从而更好地揭示汉语篇章深层语义、适应自然语言处理多种任务对语义表示的需求。

第三节　篇章语义计算研究回顾

目前自然语言处理中的篇章语义计算任务有很多,如机器阅读理解、自动作文评分、信息抽取等,这些下游任务都离不开篇章关系识别、指代消解等几个基础任务。本节将从篇章关系识别和指代消解两个方面对篇章语义计算研究进行回顾。

一、篇章关系自动识别

篇章关系识别即判断篇章中两个句子或语段之间的语义关系。篇章关系识别对于获得篇章整体语义非常重要,因此是自然语言处理的基础任务之一。根据需要判断的两个句子或语段间是否有连接词连接,篇章关系识别可以分为显式关系识别和隐式关系识别。

（一）显式关系识别

对于含有连接词的显式关系识别任务,可以分成两个子任务:关系词识别和显式语义关系判定。

英语中的关系词大部分是非歧义的,因此识别出关系词,基本就可以推断出其表示的语义关系。对于有歧义的关系词,Pitler 等[1]使用词汇和句法特征来判断其是否为篇章关系词,F 值达 94.19%,在连接关系识别上,该文仅使用连接词特征,在 PDTB 分类体系下将篇章语义分成因果、比较、时序和扩展,取得了 93.9% 的精确率(Precision)。Lin 等[2]在此基础上抽取了词性、上下文等特征来构建其关系词分类器,最终精确率达到 97.25%,F 值达到 95.36%。在

---

[1] E. Pitler, A. Nenkova. Using syntax to disambiguate explicit discourse connectives in text. In Proceedings of the 2009 Association for Computational Linguistics,Singapore,2009:13 - 16.

[2] Z. Lin, H. T. Ng, M. Y. Kan. A PDTB-styled end-to-end discourse parser. Natural Language Engineering,2014,20(2):151 - 184.

关系识别时,在特征中加入了连接词上下文等特征,在自动句法树上取得了86%的精确率。

与英语相比,汉语篇章中关系词的语法性质和词性分布更加复杂,李艳翠等①利用词的词汇、句法、位置特征,使用决策树分类器在清华树库上进行关系词的识别,在不带功能标记的词上达到了92.1%的精确率,在中文 PDTB 分类体系下使用最大熵分类器对连接词语义进行分类,4 分类的精确率仅有78.9%,F 值也仅有 69.3%。针对汉语中关系词常常是成对成组出现的特点,杨进才等②使用贝叶斯模型对关系词的特征集合进行训练和测试,利用统计方法筛选和获得规则,然后根据规则进行关系词的自动识别,在汉语复句语料库上取得了 95.4%的精确率。该研究实验数据较少,只验证了 15 组关系词在 1000 句上的精确率。张牧宇等③使用极大似然估计法,利用关系词特征进行关系分类,在因果、条件、比较关系上都取得比较好的效果,精确率均超过 95%,但在并列关系上效果较差,精确率只有 63.6%。以上研究都是在 4 大类分类上实验,没有将语义关系进一步细分为小类。总的来说,目前汉语关系词识别效果较好,但显式语义关系识别仍有一定的提升空间。

(二) 隐式关系识别

关系词可以作为判定语义关系的强力标志,然而在实际语言中,不含关系词的隐式关系占了绝大多数。对没有显性关系标记的篇章进行关系识别,是目前篇章关系研究领域的难点和热点。

1. 基于特征的方法

Marcu 等④利用互联网抽取了大量论元的词对信息实例,并将其中的关系词移除构建了一个隐式关系语料库,然后使用贝叶斯分类器对隐性语义关系进

---

① 李艳翠,孙静,周国栋:《汉语篇章连接词识别与分类》,《北京大学学报(自然科学版)》,2015 年第 2 期,第 307-314 页。

② 杨进才,郭凯凯,沈显君,等:《基于贝叶斯模型的复句关系词自动识别与规则挖掘》,《计算机科学》,2015 年第 7 期,第 291-294 页。

③ 张牧宇,宋原,秦兵,等:《中文篇章级句间语义关系识别》,《中文信息学报》,2013 年第 6 期,第 51-57 页。

④ D. Marcu, A. Echihabi. An unsupervised approach to recognizing discourse relations. In Proceedings of the 40th Annual Meeting on Association for Computational Linguistics, 2002:368-375.

行识别。Pitler 等^①则将词的情感特征、动词类别、动词短语长度、情态、上下文和词汇特征等用于篇章关系识别，在 PDTB 4 类语义关系分类任务上，各类特征的使用对于结果的 F 值提升都有明显作用。Lin 等^②使用前后论元信息、词对信息、论元内部成分和依存句法信息作为特征，利用最大熵分类器，在 PDTB 第二层 11 类语义关系上进行识别，取得了 40% 的精确率。Louis 等^③尝试将文本中的指代信息以及指代词的句法结构和特征用于隐性语义关系的识别，效果虽较 Baseline 有所提升，但与传统利用词法特征的方法仍然相差较多。Rutherford 等^④针对有些显性关系移除关系词后意义改变不能用于构造隐性关系的问题，通过计算关系词的省略率来选出合格的关系词论元对来扩大训练数据集，提升了识别效果，在 PDTB 4 分类上精确率达到 40.5%。车婷婷等^⑤挖掘词级和短语级的功能连接词，建立功能连接词的概念模型与篇章关系的映射体系，实现隐式篇章语义关系的推理，虽然取得了不错的效果，精确率达 53.84%，但是只比全部标为最大类别扩展关系的 Baseline 精确率高 0.1%，这也说明了目前隐式篇章关系识别的难度。

在汉语隐式篇章关系研究方面，张牧宇等^⑥基于有指导方法的关系识别模型，利用核心动词、极性特征、依存句法特征、句首词汇特征等，对因果、比较、扩展、并列 4 类关系进行分类，结果只有扩展关系识别效果不错，F 值达到 72.3%，其他 3 类识别效果不佳，最差的比较关系 F 值只有 16.2%。孙静等^⑦

---

① E. Pitler, A. Louis, A. Nenkova automatic sense prediction for implicit discourse relations in text. In Proceedings of the Joint Conference of the 47th Annual Meeting of the Association for Computational Linguistics, Singapore, 2009:683-691.
② Z. H. Lin, M. Y. Kan, H. T. Ng. Recognizing implicit discourse relations in the Penn Discourse Treebank. In Proceedings of the 2009 Conference on Empirical Methods in Natural Language Processing, Singapore, 2009:343-351.
③ A. Louis, A. Joshi, R. Prasad, et al. Using entity features to classify implicit discourse relations. In Meeting of the Special Interest Group on Discourse and Dialogue, Tokyo, Japan, 2010:59-62.
④ A. Rutherford, N. Xue. Improving the inference of implicit discourse relations via classifying explicit discourse connectives. In Proceedings of the 2015 Conference of the North American Chapter of the Association for Computational Linguistics, Denvor, Colorado, USA, 2015:799-808.
⑤ 车婷婷，洪宇，周小佩，等：《基于功能连接词的隐式篇章关系推理》，《中文信息学报》，2014 年第 2 期，第 17-27 页。
⑥ 张牧宇，宋原，秦兵，等：《中文篇章级句间语义关系识别》，《中文信息学报》，2013 年第 6 期，第 51-57 页。
⑦ 孙静，李艳翠，周国栋，等：《汉语隐式篇章关系识别》，《北京大学学报（自然科学版）》，2014 年第 1 期，第 111-117 页。

利用上下文特征、词汇特征、依存树特征,采用最大熵分类法对因果、并列、转折、解说4大类关系进行识别,总精确率有62.15%,但除了并列类效果很好之外,其他3类效果都不佳,特别是转折类完全没有识别出来。李国臣等[1]利用汉语框架语义网识别11种篇章语义关系,结果显示只有属于关系识别效果较好,精确率超过70%,其他关系识别效果都不理想,均低于40%。

可以看到,无论是在英语还是汉语中,传统基于特征的方法精确率都不高,扩展或并列类精确率较高的原因是自然语言中这类语义关系本身占比就较大,若剔除这个因素,精确率可能还要更低。想要提高性能,必须表征句子更深层的语义关系。

2. 基于神经网络的方法

随着近几年神经网络研究的兴起,学者们发现相比于传统方法使用浅层特征易于丢失文本序列、结构等重要信息,使用词向量(Word embedding)对句子进行表示更能获取句子深层的语义信息。在机器翻译、阅读理解等领域取得卓越效果之后,一些学者也开始将神经网络用于隐式篇章关系的识别。Ji 等[2]最早将神经网络技术应用于篇章隐式关系,他们用 RNN(Recurrent Neural Networks,循环神经网络)对句子的论元及实体进行编码,在 PDTB 4 类语义分类任务中将精确率提升到了 43.56%。Zhang 等[3]则是使用了只有一个隐藏层的浅层卷积神经网络(Spatial Convolutional Neural Networks,SCNN)在 PDTB 上进行隐式关系识别,并在 4 个关系分类任务中的 3 个(因果、扩展、时序)上取得了优于基于 SVM(Support Vector Machine,支持向量机)方法的结果。Liu 等[4]使用 Bi-LSTM(Bi-directional Long Short-Term Memory)将隐式关系中的论元编码,同时模仿人类重复阅读习惯,引入了多重注意力(Multi-Attention)机制,对隐式篇章关系进行识别,在 PDTB 4 类关系的分类中取得 57.57%的精

---

[1] 李国臣,张雅星,李茹:《基于汉语框架语义网的篇章关系识别》,《中文信息学报》,2017 年第 6 期,第 172-179 页。

[2] Y. F. Ji, J. Eisenstein. Entity-augmented distributional semantics for discourse relations. Transaction of the Association for Computational Linguistics. 2014(3):329-344.

[3] B. Zhang, J. Su, D. Xiong, et al. Shallow convolutional neural network for implicit discourse relation recognition. In Proceedings of Conference on Empirical Methods in Natural Language Processing. 2015:2230-2235.

[4] Y. Liu, S. J. Li. Recognizing implicit discourse relations via repeated reading: Neural networks with multi-level attention. In Proceedings of Conference on Empirical Methods in Natural Language Processing. 2016:1224-1233.

确率和 44.95% 的 F 值。Li[1]对论元、句子和段落都进行分布式语义表示并将之组合，使得最终每个论元的嵌入（Embedding）中都含有词语、句子和段落信息，送入模型得到论元对的关系打分之后，最终输出隐式语义关系的分类，在 PDTB 第一层 4 类分类任务上分别取得 41.91%、54.72%、71.54%、34.78% 的 F 值，同时在第二层分类任务上取得 44.75% 的精确率。Qin 等[2]提出了一个挖掘关系特征的对抗网络来进行隐式关系识别，在 4 类关系分类上取得 46.23% 的精确率。Geng 等[3]认为句子结构信息对隐式关系的判定有十分重要的作用，因此应该将句法树信息融入论元的语义编码，他们在将关系论元使用 Bi-LSTM 编码后，将句子的句法树转换成一个二叉树，然后将子节点的信息经过转换后计入父节点信息，最后取得了 62.4% 的精确率和 44.2% 的 F 值。Wang 等[4]在使用句法树信息之外，也使用了句法树每个节点标签的嵌入，分别在第一层和第二层语义关系分类中取得了 59.85% 和 45.21% 的精确率。Dai 等[5]借鉴序列化标注思想，认为句间关系要放在整个篇章中来考察，因此建立了一个篇章级神经网络模型，对显式关系和隐式关系训练不同的分类器，同时在模型最后一层加入了 CRF（Conditional Random Field，条件随机场）层，最终取得了 4 分类任务中隐式关系 58.2% 的精确率和显式关系 94.46% 的精确率。贾旭楠等[6]使用 BERT+Tree-LSTM+CNN 的联合模型，同时进行复句关系判定即篇章关系识别，对 CAMR 语料上复句关系的判定取得了 92.15% 的 F 值，显式复句

---

[1] H. R. Li, J. J. Zhang, C. Q. Zong. Implicit discourse relation recognition for English and Chinese with multiview modeling and effective representation learning. ACM Transactions on Asian and Low-Resource Language Information Processing，2017，16(3)：1 – 21.

[2] L. H. Qin, Z. S. Zhang, H. Zhao, et al. Adversarial connective-exploiting networks for implicit discourse relation classification. In Proceedings of the 55th Annual Meetings of the Association for Computational Lingnistics，2017：1006 – 1017.

[3] R. Y. Geng, P. Jian, Y. X. Zhang, et al. Implicit discourse relation identification based on tree structure neural network. In Proceeding of the 2017 International Conference on Asian Language Processing. IEEE，2017：334 – 337.

[4] Y. Z. Wang, S. J. Li, J. F. Yang, et al. Tag-enhanced tree-structured neural networks for implicit discourse relation classification. In Proceedings of the 8th International Joint Conference on Natural Language Processing，Taipei，Taiwan，2017：496 – 505.

[5] Z. Dai, R. Huang. Improving implicit discourse relation classification by modeling inter-dependencies of discourse Units in a paragraph. In Proceedings of the North American Chapter of the Association for Computational Linguistics，2018：1 – 6.

[6] 贾旭楠、魏庭新、曲维光，等：《基于神经网络的复句判定及其关系识别研究》，《计算机工程》，2021 年第 11 期，第 54 – 61 页。

关系和隐式复句关系同时识别 66.25% 的 F 值,其中隐式复句关系识别的 F 值为 56.87%。针对以往研究只对句子局部语义建模的问题,Zhang 等人[1]提出基于图的 CT-Net 模型,将批注转换为段落关联图,通过跨粒度更新机制提取上下文表示,从而解决段落级输入的长距离限制,在 PDTB 4 分类任务上取得了 53.11% 的结果,是目前同类任务上的最优性能。

神经网络的应用提高了隐式篇章关系的识别性能,但目前仍仅有不到 60% 的精确率,仍然无法满足实际应用的需求。如何使神经网络学习到篇章深层语义从而提高任务性能,是未来篇章隐式关系识别的方向。

二、指代消解

篇章中一些人称、实体等概念会以不同表述形式多次出现,指代消解是指将表示同一实体的不同表述形式划到同一个集合即指代链中的过程。指代消解工作对于机器阅读理解、信息抽取、多轮对话等自然语言处理下游任务有着重要的作用,是自然语言处理的一项基础研究。从计算角度来说,指代消解可以看成一个分类过程或者是一个聚类过程。分类过程是指判断不同实体表述是否指向同一实体;聚类过程是指判断一个表述能否加入指向某个实体的集合之中。从主体上来说,指代消解主要分为共指消解、代词消解、零指代消解和事件消解。其中零指代消解主要包括两个内容:零指代项识别和零指代项消解。从方法来说,主要有基于语言学规则的方法、基于统计机器学习的方法和基于深度学习的方法。

(一) 基于语言学规则的方法

早期零指代识别和消解主要依靠人工制订一系列语言学规则。Converse[2]在第三人称代词回指及零形回指研究中,利用句法结构信息、一致性、语义类别等信息构造规则、选择先行词,在零形回指消解上取得了 43.0% 的精确率。Yeh[3]提出利用中心理论和约束规则的方法提高规则使用的效率,其方法主要

---

[1] Y. X. Zhang, F. D. Meng, P. Li, et al. Context tracking network: Graph-based context modeling for implicit discourse relation recognition. In Proceedings of the 2021 Conference of the North American Chapter of the Association for Computational Linguistics,2021:1592-1599.

[2] S. P. Converse. Pronominal anaphora resolution in Chinese. Philadelphia, PA: University of Pennsylvania, Doctoral dissertation,2006.

[3] C. L. Yeh, Y. C. Chen. Zero anaphora resolution in Chinese with shallow parsing. Journal of Chinese Language and Computing,2007,17(1):41-56.

关注出现在主语和宾语位置上的零指代,最终实验结果中零形回指消解的精确率和召回率分别为 60.3% 和 70%。王德亮[1]同样运用中心理论,对新闻报道和小说中的 397 例零形回指进行识别,精确率达到 92.4%。但是该方法需要手工制订复杂细致的词汇语义限制,因此无法实现自动化消解,具有较大的局限性。

(二) 基于统计机器学习的方法

利用语言学规则进行消解的方法正确率虽高,但无法处理不符合规则的语料,因而召回率较低;同时由于需要制订大量的手工特征,且特征会随着语料的变化而变化,无法实现大规模自动化处理。因此随着技术的发展,逐渐开始使用基于机器学习的方法来解决指代消解问题。McCarthy[2]首次将判断先行词的问题转换成二元分类问题,使用分类器来判断某个表述与先行词之间是否存在共指关系。在此基础上,Soon[3] 等基于决策树方法,抽取词法、句法、语义、位置特征,在 MUC_6 和 MUC_7 数据集上分别取得了 62.6% 和 60.4% 的 F 值。Zhao[4]则是第一次使用了基于统计机器学习的方法进行了中文零指代项的识别与消解,根据句法树信息,为零指代识别和零指代消解分别制订了 13 个特征和 26 个特征;最后使用了 J48 决策树模型进行了实验,在宾州中文树库 3.0 数据集上,零指代识别取得了 50.9% 的 F 值,零指代消解取得了 25.9% 的 F 值。Kong 等人[5]提出了一个基于树核的支持向量机方法的统一的中文零指代消解完整框架,通过比较零指代项与先行词的上下文的卷积树核来比较两者所在句法树的相似性,从而完成消解任务,在中文宾州树库 6.0 数据集中选取的 100 篇文档上,取得了 45.06% 的 F 值。

---

[1] 王德亮:《汉语零形回指解析:基于向心理论的研究》,《现代外语》,2004 第 4 期,第 350-359 页。

[2] J. F. McCarthy, W. G. Lehnert. Using decision trees for coreference resolution. Learning, 1999,47(1):1050-1056.

[3] W. M. Soon, H. T. Ng, D. C. Y. Lim. A machine learning approach to coreference resolution of noun phrase. Computational Linguistics, 2001, 27(4): 521-544.

[4] S. H. Zhao, H. T. Ng. Identification and resolution of Chinese zero pronouns: A machine learning approach. In Proceedings of the 2007 Joint Conference on Empirical Methods in Natural Language Processing and Computational Natural Language Learning. 2007: 541-550.

[5] F. Kong, G. D. Zhou. A tree kernel-based unified framework for Chinese zero anaphora resolution. In Proceedings of the Conference on Empirical Methods in Natural Language Processing. 2009: 882-891.

为了解决机器学习中对标注数据的依赖,Chen[1]提出了一个无监督的中文零指代消解模型,通过训练一个显性代词的消解系统来辅助零代词的消解,即将零代词位置填入显性代词并以此为基础进行训练,将训练的模型应用于零指代消解,这一方法为指代消解提供了一种新思路,但该方法存在着错误传递的问题。2015年,他们又提出了一个零指代识别和消解的联合模型[2],并且加入了篇章级信息来提升性能,F值达到50.2%。

(三) 基于深度学习的方法

随着深度学习技术的发展,一些学者开始将深度学习方法应用于零指代消解任务。不同于传统机器学习方法只能利用人工选择的浅层句法和词法特征,深度学习方法能够自动抽取和学习到深层特征。Chen[3]首次采用深度神经网络进行中文零指代消解,模型选用候选词中心词作为候选词向量表示,零代词由于没有实体文本表示,选用其前一个词及受其支配的动词向量拼接作为其表示,同时输入的还有特征向量,通过计算零代词向量表示和候选词向量表示之间的余弦相似度来对零代词进行消解。实验证明,基于深度学习的方法效果超越以往机器学习的方法,为之后的利用深度学习进行零指代消解的研究提供了思路和方向。Yin[4]将上下文信息融入零代词的语义表示,并且使用了一个两层编码器对候选词的局部信息和全局信息进行编码,在OntoNotes 5.0上的实验取得了超越以往模型的效果。Yin[5]针对在指代消解时语义信息重要性不同

---

[1] C. Chen, V. Ng. Chinese zero pronoun resolution: An unsupervised approach combining ranking and integer linear programming. In Proceedings of the 21st AAAI Conference on Artificial Intelligence. 2014:1622-1628.

[2] C. Chen, V. Ng. Chinese zero pronoun resolution: A joint unsupervised discourse-aware model rivaling state-of-the-art resolvers. In Proceedings of the 53rd Annual Meetings of the Association for Computational Linguistics and the 7th International Joint Conference on Natural Language Processing. 2015:320-326.

[3] C. Chen, V. Ng. Chinese zero pronoun resolution with deep neural networks. In Proceedings of the 54th Annual Meetings of the Association for Computational Linguistics. 2016:778-788.

[4] Q. Y. Yin, Y. Zhang, W. N. Zhang, et al. Chinese zero pronoun resolution with deep memory network. In Proceedings of the 2017 Conference on Empirical Methods in Natural Language Processing. 2017:1309-1318.

[5] Q. Y. Yin, Y. Zhang, W. N. Zhang, et al. Zero pronoun resolution with attention-based neural network. In Proceedings of the 27th International Conference on Computational Linguistics. 2018:13-23.

的情况,又提出一种基于注意力机制的指代消解模型。同年,Yin[1]还尝试了使用序列化决策的方法,使用强化学习策略来进行指代消解。Lin[2]等人针对指代消解语料中正负例极度不平衡的状况,设计了一种新的损失函数,并将候选词的上下文信息进行编码,提出了一个层次化注意力机制模型,在 OntoNotes 5.0 语料上取得了目前最好的性能,进一步提升了零指代消解的性能。

上述研究中的中文零指代消解模型的具体信息及性能汇总如表 1-7 所示。

表 1-7 中文指代消解方法、模型、性能汇总

方法	文献	模型	数据集	句法特征	篇章特征	$F(\%)$
规则	Converse, 2006	中心理论	宾州中文树库	✓	✓	43.0(P)[3]
机器学习	Zhao, 2007	决策树	宾州中文树库	✓	✗	25.9
	Kong, 2009	基于树核的支持向量机	宾州中文树库	✓	✗	45.1
	Chen, 2014	EM 算法	OntoNotes	✓	✗	47.7
	Chen, 2015	联合学习	OntoNotes	✓	✗	50.2
深度学习	Chen, 2016	前馈神经网络	OntoNotes	✓	✗	52.2
	Yin, 2017	长短时记忆网络	OntoNotes	✓	✗	53.6
	Yin, 2018a	注意力机制	OntoNotes	✓	✗	57.3
	Yin, 2018b	强化学习	OntoNotes	✓	✗	57.2
	Lin, 2020	注意力机制	OntoNotes	✓	✗	60.3

三、存在的问题及研究趋势

通过上述对目前国内外篇章语义计算研究的回顾,可以看到,目前的研究仍然存在着一些问题。

1. 篇章语义计算性能目前仍然不够理想,篇章关系识别和指代消解的最高 F 值都仅在 60% 左右,如果指代消解联合零指代识别任务,F 值只有 40% 左右,远远达不到大规模应用的水平。这其中一方面的原因是语义计算模型和技术需要进一步攻克,另外一方面的重要原因在于篇章语义表示理论体系尚未有效

---

[1] Q. Y. Yin, Y. Zhang, W. N. Zhang, et al. Deep reinforcement learning for Chinese zero pronoun resolution. In Proceedings of the 56th Annual Meetings of the Association for Computational Linguistics, 2018:569-578.

[2] P. Q. Lin, M. Yang. Hierarchical attention network with pairwise loss for Chinese zero pronoun resolution. In Proceedings of 34th AAAI Conference on Artificial Intelligence, 2020:8352-8358.

[3] 该文仅报告精确率,没有报告 F 值,因此此处以精确率代表该论文性能。

建立、语义表示方法无法体现篇章深层语义、没有对有效信息进行建模、相关标注资源缺乏等等,这些都有待今后的研究进一步挖掘和深入。

2. 目前的篇章语义计算模型仅利用篇章单元的上下文信息,并没有真正利用篇章信息,本质上说仍然是句子级语义解析,如何将篇章信息真正融入篇章语义计算,需要进一步的探索和研究。

3. 本文将基于构建的汉语篇章抽象语义语料库,将篇章级语义信息融入篇章单元语义表示,并采用注意力机制,捕获篇章深层语义信息,以期利用篇章信息息来提升篇章语义计算性能。

第四节　AMR 和 CAMR 研究进展

抽象语义表示(AMR)是 2013 年美国宾夕法尼亚大学的语言数据联盟(LDC)连同南加州大学、科罗拉多大学等共同提出了一种新型的语义表示方法。相较于其他语义表示方法,该表示方法使用有向无环的逻辑图结构对语义进行表示,能够在更大程度上体现语言的深层语义和语义间的关系网络,因此本书基于 AMR 表示体系对汉语篇章深层语义进行表示。本节对 AMR 的表示方法、特点以及中文抽象语义表示(CAMR)对 AMR 的继承与发展进行梳理和介绍。

一、抽象语义表示 AMR

2013 年,美国宾夕法尼亚大学和南加州大学等多位学者共同发表 *Abstract Meaning Representation for Sembanking* 一文[①],标志着 AMR 理论的正式建立。它采用图结构来表示一个句子的语义。这种表示方法在保留了句子树形主干结构的同时,还使用了有向无环的逻辑图结构,实现了对句子中论元共享现象的表示。同时它还允许添加原句缺省的概念节点,以更好地表示其隐含意义。图 1-5 为句子"He wants to watch TV."的句法分析树和 AMR 图表示的对比图。

---

① L. Banarescu, C. Bonial, S. Cai, et al. Abstract meaning representation for sembanking. In The 7th Linguistic Annotation Workshop and Interoperability with Discourse. 2013: 178-186.

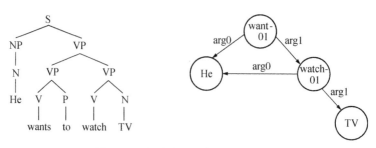

图 1-5 句法分析树与 AMR 图对比

AMR 图中的 arg 为动词论元,其中 arg0 为动词论元结构中的第一个论元,通常为施事;arg1 为动词论元结构的第二个论元,通常为受事。可以看到,相比于传统句法树,AMR 图可以直接表示出 want 和 watch 的施事都是"He",从而可以揭示句子多个概念节点间的深层语义关系。

AMR 的标注分为两大部分:框架论元(Frame arguments)和逻辑形式(Logic format)。AMR 中规定了约 80 种论元间语义关系,包括起因、条件等通用语义关系,单位、数量等数量关系,季节、日月等日期实体关系等。AMR 致力于用图结构来表示句子的深层语义结构,最终实现对相同语义多种表达的共同表示。为此,AMR 在对句子进行语义表示时,忽略掉词类、词序、时态、单复数等形态特征和句法特征,以实现对句子的抽象语义表示,以上句为例,动词"want"的时态即被省略。目前,LDC 平台上 AMR 语料库已有超过 59 000 句的人工标注的训练语料可供其他研究者研究使用。

AMR 在句子语义表示方面虽然有诸多优点,但它在进行语义表示时仍然存在一些问题,如:

1. AMR 在表示语义时忽略时、体、数等形态特征,会损失一定的语义信息。

2. AMR 最初针对印欧语言而制订,在对汉语进行表示时,一些汉语特殊语言现象无法表示。

3. AMR 只是对句子尤其是单句进行语义表示,对单句以上的语言单位的语义表示没有涉及,因此造成篇章级语义信息表示时跨句语义损失。

二、中文抽象语义表示(CAMR)研究进展

2016 年,Li 等[1]基于 AMR 框架结构,同时考虑了汉语与英语的差异,初步建立了一套中文抽象语义的表示方法和标注规范。规范针对中英文的差异做了很多调整,如对汉语特有的量词、把字句、被字句等汉语特殊句式等做了相应规定。在句子处理层面,汉语中存在大量的由多个小句组成的复句,前后联系紧密,若直接切割则会造成小句句法及语义表达不完整,因此 CAMR 没有采用英文 AMR 直接切割为单句的做法,而是将构成复句的句间语义关系作为该句的根节点,语义关系所涉及的分句作为该语义关系的论元 arg1,arg2[2]。同时根据汉语特点,并借鉴了宾州篇章树库中标注汉语篇章关系的方法,在标注时增加了 10 类复句关系,包括并列、因果、条件、转折、时序、选择、让步、解释、目的、递进。在标注时,将复句语义关系作为句子的根节点,认为该语义关系统辖了整句语义。因此 CAMR 可以看作由句子语义表示向篇章语义表示迈进的一步。CAMR 一经推出便受到许多关注,被应用于多个任务和领域[3][4][5][6][7]。图 1-6 为复句的 CAMR 文本表示示例。

可以看到 AMR 将该句中三个分句中第一层的因果关系(causation)作为根节点,两个论元分别为因果关系涉及的分句 arg1"孔子学生赎一奴,却不报账"和 arg2"人人夸学生高尚",其中 arg1 又由两个构成转折关系(contrast)的分句组成,因此将转折关系作为 arg1 的根节点。

---

[1] B. Li, Y. A. Wen, W. G. Qu, et al. Annotating the little prince with Chinese AMRs. In Proceeding of the 10th Linguistic Annotation Workshop Held in Conjunction with ACL. Berlin, Germany: 2016:7-15.

[2] 李斌,闻媛,宋丽,等:《融合概念对齐信息的中文 AMR 语料库的构建》,《中文信息学报》,2017年第 6 期,第 93-102 页。

[3] 李斌,闻媛,卜丽君,等:《英汉〈小王子〉抽象语义图结构的对比分析》,《中文信息学报》,2017 年第 1 期,第 50-57 页。

[4] 戴茹冰,侍冰清,李斌,等:《基于 AMR 语料库的汉语省略与论元共享现象考察》,《外语研究》,2020 年第 2 期,第 16-23 页。

[5] 闻媛,宋丽,吴泰中,等:《基于中文 AMR 语料库的非投影结构研究》,《中文信息学报》,2018 年第 12 期,第 31-40 页。

[6] 吴泰中,顾敏,周俊生,等:《基于转移神经网络的中文 AMR 解析》,《中文信息学报》,2019 年第 4 期,第 2-11 页。

[7] B. Q. Shi, W. G. Qu, R. B. Dai, et al. A general strategy for researches on Chinese "的 (de)" structure based on neural network. World Wide Web. 2020,23(6):2979-3000.

```
x0_孔子 x1_学生 x2_赎 x2_一 x3_奴 x4_, x5_却 x6_不 x7_报账 x8_, x9_人人 x10_夸 x11_
学生 x12_高尚 x13_。

(n0 / causation
    :arg1 (n1 / contrast
        :arg1 (x2 / 赎－01
            :arg0 (x1 / 学生
                :poss (n4 / person
                    :name (x0 / name :op1 孔子))))
            :arg1 (x3 / 奴
                :quant (x2 / 1))
        :arg2 (x7 / 报账－01
            :polarity (x6 / －
            :arg0 (x1))))
    :arg2 (x10 / 夸－01
        :arg0 (x9 / 人人
            :mod (n12 / every))
        :arg1 (x1)
        :arg2 (x12 / 高尚－01
            :arg0 (x9))))
```

图 1－6　复句 CAMR 表示示例

但是 CAMR 处理的基本单元仍然是句子,对于超越句子的语言单位,则没有对其语义关系进行表示。如图 1－7 为句①"兔妈妈要出去找吃的。"和句②"她堆了一个漂亮的雪孩子,让他和小白兔一起玩。"的 CAMR 表示。

可以看到,由于是两个句子,CAMR 对其分别进行了表示。虽然句内语义表示很清晰,但句间语义关系无法得到体现。如句②中的"她"在句子范围内无法确定指向,所以 CAMR 仅表示为"arg0:她",但"她"指向谁,以句子为单位进行标注的方式无法解决。然而若以篇章为单位,则可以清楚地找出其指向的实体为句①的"兔妈妈"。因此,若要更好地对跨句论元间语义关系进行表示,需要以篇章为单位来进行。

本书提出汉语篇章抽象语言表示(CDAMR)弥补了 CAMR 无法表示跨句语义关系的缺陷,在表示句子间逻辑语义关系的时候,还为句子中的概念在篇章中表示相同概念的其他词语和表述形式建立共指关系,既对篇章各单元间逻辑语义关系进行表示,同时也对跨句概念间语义关系进行表示,从而揭示篇章内交错纵横的语义网络关系。以句①和句②为例,两句的 CDAMR 表示如图 1－8 所示。

x1_兔 x2_妈妈 x3_要 x4_出去 x5_找 x6_吃的 x7_。	x1_她 x2_堆 x3_了 x4_一 x5_个 x6_漂亮 x7_的 x8_雪 x9_孩子 x10_，x11_让 x12_他 x13_和 x14_小 x15_白兔 x16_一起 x17_玩 x18_。

(x3 /要-05
    :arg0() (x2 /妈妈
        :poss() (x1 /兔))
    :arg1() (x4 /出去-01
        :arg0() (x2 /妈妈)
        :purpose() (x5 /找-01
            :arg0() (x2 /妈妈)
            :arg1() (x6 /吃的))))
	(x19 / temporal
	    :arg1() (x2 /堆-02
	        :aspect() (x3 /了)
	        :arg0() (x1 / 她)
	        :arg1() (x9 /孩子
	            :consist-of() (x8 /雪)
	            :arg0-of(x7 /的) (x6 / 漂亮-01)
	            :quant() (x4 / 1)
	            :cunit() (x5 /个)))
	    :arg2()　(x11 /让-02
	        :arg0() (x1 / 她)
	        :arg1() (x13 / and
	            :op1() (x12 /他)
	            :op2() (x15 /白兔
	                :arg0-of() (x14 /小-01)))
	        :arg2() (x17 /玩-01
	            :manner() (x16 /一起)
	            :arg0() (x13 / and)
	            :arg1() (x9 / 孩子))))

图 1-7　句①和句②的 CAMR 表示

Causation：
    arg1: p1.s0 x1_兔 x2_妈妈[F1] x3_要 x4_出去 x5_找 x6_吃的 x7_。
    arg2: p1.s1 x8_她[F1] x9_堆 x10_了 x11_一 x12_个 x13_漂亮 x14_的 x15_雪 x16_孩子[F2] x17_，[F1]x18_让 x19_他[F2] x20_和 x21_小 x22_白兔[F3] x23_一起 x24_玩 x25_。

图 1-8　句①和句②的 CDAMR 图表示

可以看到，CDAMR 标注的内容有：句子在篇章中的位置，包括段落位置 pi 和句子位置 sj；句子之间的语义关系，即句①"兔妈妈要出去找吃的"是句②"她堆了一个漂亮的雪孩子，让他和小白兔一起玩"的原因；除此之外还为表示同义概念的、分布在两个句子之中的不同表述形式"兔妈妈"和"她"，以及零代词形式建立了共指链，即它们均指向共指链 F1 的概念，这样就实现了篇章范围内论元概念的共享。

篇章语义的构成除了概念义和结构义外，还包括交际双方共有的世界知识以及交际环境中即时产生的语用义等等，由于这些语义涉及的变量较为复杂，本书只对结构语义和概念语义进行表示,篇章语义中的世界知识、语境义、语用义等的表示将纳入我们的未来工作计划中。

本章小结

本章主要梳理了篇章语义理论、篇章表示体系和篇章语义计算等方面的相关文献。从前人研究中不难看出,篇章中蕴含着丰富的语义,篇章中各项语义纵横交错、相互关联、相互影响,这就给分析篇章语义、形式化表示篇章意义以及篇章语义计算带来了巨大的挑战。传统的树结构无法体现篇章中跨句语义关系,图结构在表示这种相互关联的语义网络方面有着独特的优势,因此利用AMR图框架对篇章抽象语义进行表示,将篇章中多方面语义联系起来共同表示,将为汉语篇章资源建设和自然语言处理应用研究带来一种新的思路。

第二章
汉语篇章抽象语义表示体系的构建

语义表示体系的构建是一项规模宏大而复杂的工程。现有的篇章语义表示体系构建研究已经做出了有益的尝试并取得了丰硕的成果，然而现有的篇章语义表示体系或者描写篇章结构，或者描写篇章指代链，或者描写篇章话题结构，均是从一个侧面对篇章语义进行表示，尚未有表示体系对篇章多个语义体系同时进行描写和表示。本章在吸收前人研究成果基础上，结合汉语特点，提出汉语篇章抽象语义表示（CDAMR）体系，从结构语义关系表示和概念语义关系表示两大方面对篇章语义进行综合性表示，探索篇章语义表示的新方式，为自然语言处理中的篇章语义计算提供资源、奠定基础。

第一节 汉语篇章抽象语义表示的内容与方法

要对篇章深层语义进行表示，首先需要对篇章语义所包含的内容进行分析和形式化表示。本节将对 CDAMR 的表示内容进行介绍，之后介绍 CDAMR 的图表示方法和文本表示方法。

一、汉语篇章抽象语义表示的内容

篇章是表达同一主题的、大于句子的语言单位，其内部语义具有整体性的特点。从形式上来说，篇章由多个句子组成。句子组成段落，段落组成篇章。本书在对篇章语义进行表示时，不考虑语境、语用等人际交互产生的意义，仅考虑篇章所包含的语言项所产生的意义。对于一个句子来说，语义由概念义、概念之间的关系以及句子语义推导规则构成。句子根据相互间的语义关系组成段落，段落的语义同样由所包含的概念义、所辖句子之间的关系以及语义推导规则构成，段落与段落再根据语义结合，可以形成更大的段落或章节，最终形成篇章。基于此，要对篇章语义进行表示，除去各级语义推导规则，只需要对篇章中各级概念语义、概念间语义关系以及篇章各层语义单元间语义关系进行表示即可。本书构建的汉语篇章抽象语义将在中文抽象语义表示语料库(CAMR)上进行,由于 CAMR 已经对句子概念语义和语义关系进行了表示,本书将在此基础上对篇章级概念间语义关系和篇章语义单元间的结构语义关系进行表示。因此 CDAMR 主要表示内容包括两个部分:

1. 篇章概念语义关系表示。篇章中一些概念以不同形式在多个位置反复出现,这些概念间的语义关系是构成篇章深层语义连贯的重要组成部分。

2. 篇章结构语义关系表示。包括句子与句子、段落与段落等各级篇章语义单元之间的结构语义关系,也是篇章深层语义的重要组成部分。

最终,CDAMR 将篇章表示为一个语义图,既对篇章各级结构语义进行表示,也对篇章内部跨句概念语义关系进行表示;如果与 CAMR 相结合,则可以得到一个篇章从最小单位词语到篇章整体语义各层级多方位的抽象语义表示。

二、图文表示方法

(一) 图表示

与 AMR 相似,CDAMR 同样使用节点与边对篇章中的概念与关系进行表示。不同的是,CDAMR 将篇章中表示一定语义的篇章语义单元作为节点,节点与节点之间由边相连,其中边是有向的,如详述关系(elaboration)第一个叶子节点是中心,其余叶子节点对中心节点进行详述。整个篇章的根节点为该篇章最顶层逻辑语义关系。除此之外,CDAMR 还对贯穿篇章的概念进行表示,不同篇章语义单元中的相同概念使用同一条链进行连接,由弧线相连。这样,在节点与边构成的篇章结构树基础上,由弧线相连的、相同概念构成的概念链跨越距离,将不同篇章位置的句子联系起来,从而形成了图结构。图 2-1 为小学语文课文 text_id=1.1.5[①] 的 CDAMR 图表示。

[①] 在课文编号中,第一位数字表示年级,第二位数字表示册,第三位数字表示课。

p0.s0　我家门口有一棵树。
p0.s1　冬天到了,爷爷给小树穿上暖和的衣裳。
p0.s2　小树不冷了。
p0.s3　夏天到了,小树给爷爷撑开绿色的小伞。
p0.s4　爷爷不热了 。

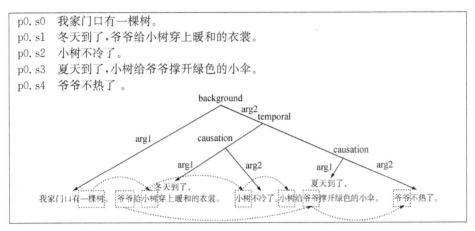

图 2-1　CDAMR 图表示方法示例

可以看到,"一棵树"及与其同指的"小树"在篇章中多次出现,形成一条链;"爷爷"也以同形的方式在多个句子中出现,这样就将非相邻的句子连接起来,多个句子共享一个概念,同一概念参与篇章多个句子的语义构成,从而将篇章由树结构变成了图形式。

(二) 文本表示

在实际标注和机器学习中,为了便于阅读和机器读取,可以采用文本表示方法。文本表示和图形式是可以相互转化的。图 2-1 中的文本表示方法如图 2-2 所示。

```
elaboration：
    arg1:p0.s0 x0_我 x1_家 x2_门口 x3_有 x4_一 x5_棵 x6_树 x7_。
                M1:(REF/ x6_树)
    arg2:temporal
        arg1：causation
            arg1:p0.s1 x8_冬天 x9_到 x10_了 x11_, x12_爷爷 x13_给 x14_小树 x15_
                       穿 x16_上 x17_暖和 x18_的 x19_衣裳 x20_。
                        F1:(REF/x12_爷爷)
                        M1:(syn/x14_小树)
            arg2:p0.s2 x21_小树 x22_不 x23_冷 x24_了 x25_。
                        M1:(syn/x21_小树)
        arg2：causation
            arg1:p0.s3 x26_夏天 x27_到 x28_了 x29_, x30_小树 x31_给 x32_爷爷
                       x33_撑开 x34_绿色 x35_的 x36_小 x37_伞 x38_。
                        M1:(syn/x30_小树)
                        F1:(copy/x32_爷爷)
            arg2:p0.s4 x39_爷爷 x40_不 x41_热 x42_了 x43_。
                        F1:(copy/x39_爷爷)
```

图 2-2　CDAMR 文本表示方法示例

其中 pi 为段落索引,sj 为段落中的句子索引,xn 为词语在篇章中的位置索引,这样通过 $pi.sj$ 就可以定位句子在篇章中的位置,i、j、n 均从 0 开始取值。在表示结构语义关系时,将篇章最顶层语义关系作为根节点,该语义关系涉及的篇章语义单元作为其论元,以 $argx$ 表示,缩进后放置在根节点下。若篇章语义单元内部包含两个以上的句子及语义关系,则继续向下切分和表示,直至关系论元中只剩下一个句子。结构从属关系以缩进形式表示。

在表示概念语义关系时,篇章中不同词语指向同一概念形成一个共指链,一个篇章会有多个共指链,在每个句子下以 Xi(relation/instance)的形式对共指链在该句中的表述进行表示。其中 Xi 是共指链类型和编号,有人物链 F、实体链 M、空间链 L 等,括号内"/"后面为该链在此位置的实例,即词语及其在文中的位置索引,"/"前为该实例与该链所指概念的语义关系,其中"REF"为链先行词,"syn"表示实例与链概念为同义关系,"copy"表示实例与链概念为同形关系等。以"F1:(REF/x12_爷爷)"为例,意思为 x12 位置的词语"爷爷"属于共指链 F1,是 F1 共指链的先行词。

在得到篇章语义表示后,通过句子索引和对齐操作,可以获得该篇章中所有句子的 CAMR 表示,以图 2-2 中的 p0.s0 句和 p0.s1 句为例,图 2-3 为其 CAMR 句子抽象语义表示。

p0.s0　x1_我 x2_家 x3_门口 x4_有 x5_一 x6_棵 x7_树 x8_。	p0.s1　x1_冬天 x2_到 x3_了 x4_,x5_爷爷 x6_给 x7_小树 x8_穿 x9_上 x10_暖和 x11_的 x12_衣裳 x13_。①
(x4 /有-03 　　:arg0()　（x3 /门口 　　　　　:poss()　（x2 /家 　　　　　　　:poss()　（x1 /我))) 　　:arg1()　（x7 /树 　　　　　:quant()　（x5 / 一) 　　　　　:cunit()　（x6 /棵)))	(x14 / causation 　　:arg1()　（x2 /到-01 　　　　　:arg0()　（x17 / date-entity 　　　　　　　:season()　（x1 /冬天)) 　　　　　:aspect()　（x3 /了-02)) 　　:arg2()　（x6 /给-02 　　　　　:arg0()　（x5 /爷爷) 　　　　　:arg1()　（x7 /小树) 　　　　　:arg2()　（x8_x9 /穿上-01 　　　　　　　:arg0()　（x7 /小树) 　　　　　　　:arg1()　（x12 /衣裳 　　　　　　　　　:arg0-of(x11/的)　（x10 /暖和-01)))))

图 2-3　p0.s0 句及 p0.s1 句 CAMR 表示

---

① CAMR 以句为单位,因此词语索引以句为单位排列。在实际使用中,可以使用读取篇章后重新索引,即可获得篇章级词语位置索引。

这样，就可以得到一个包括从词语概念、句内语义关系到篇章级概念关系和结构关系的、自底至上的篇章抽象语义表示，各级语义信息相互结合，可以应用于各项自然语言处理实践之中。

第二节　汉语篇章结构关系语义表示

篇章结构语义关系是指篇章中从句子开始的各级篇章语义单元之间的语义关系。通过对篇章结构语义关系的表示，探索篇章是如何通过层次结构排列，最终可以形成整体的、一致的意图表示。本节将对篇章结构语义关系标注中的标注单元、关系分类以及标注内容进行介绍。其中标注内容包括结构语义关系、语类和篇章标记。

一、篇章语义单元

在对篇章结构语义关系进行表示时，以篇章语义单元（Semantic Discourse Unit，SDU）为单位对其之间的层次结构和语义关系进行表示。SDU 即一个篇章语义关系的关系论元所涵盖的内容。最小的 SDU 即一个句子。句子级 SDU 根据语义相组合，可以组成句群级 SDU；句群级 SDU 可以继续向上组合，组成段落级 SDU 和章节级 SDU。图 2-4 展示了课文 1.1.8 的各级篇章语义单元。

```
summary:
    arg1:expansion
        arg1:elaboration
            arg1:p0.s0 阳光像金子,洒遍田野、高山和小河。
            arg2:list
                arg1:p1.s0 田里的禾苗,因为有了阳光,更绿了。
                arg2:p1.s1 山上的小树,因为有了阳光,更高了。
                arg3:p1.s2 河面闪着阳光,小河就像长长的锦缎了。
        arg2:contrast
            arg1:p2.s0 早晨,我拉开窗帘,阳光就跳进了我的家。
            arg2:p2.s1 谁也捉不住阳光,阳光是大家的。
    arg2:p2.s2 阳光像金子,阳光比金子更宝贵。
```

图 2-4　篇章语义单元示例

该篇章顶层语义关系为总结（summary），所带的论元 arg2 的 SDU 只有一个句子 p2.s2，是最小的句子级 SDU；而论元 arg1 则由 p0、p1、p2 三个段落的五个句子组成，是一个章节级 SDU。该篇章语义单元可以继续向下划分为两个段落级 SDU，也就是该篇章语义单元语义关系——扩展（Expansion）所辖的两个关系论元：arg1 由 p0 段和 p1 段组成，arg2 由 p2 段组成。而 p1 中的三个句子是对 p0. s0 句的阐述，因此该篇章语义单元又可以划分为一个句子级 SDU 和一个段落级 SDU，arg1 为 p0. s0 句，arg2 为 p1 段。p1 段作为段落还可以继续向下切分，就可以得到三个句子级 SDU。由于 CAMR 已经对句子内部结构语义进行了表示，CDAMR 则不再向下表示，需要时对齐调取即可。

二、篇章结构语义关系分类

CDAMR 对篇章从最底层篇章语义单元之间的关系直至篇章顶层结构均进行表示。在总结、继承宏观结构理论、修辞结构理论、篇章树库理论等理论和研究成果的基础上，通过语料分析和试标讨论，结合汉语篇章实际，本书将 CDAMR 篇章结构语义关系分为 6 大类 15 小类，在表示时使用小类，需要时小类可以映射到大类。各类所包含的语义关系如表 2-1 所示。

表 2-1　CDAMR 篇章结构语义关系分类

大类	小类
总分	详述（Elaboration）、总结（Summary）、背景（Background）、评价（Evaluation）、延伸（Extension）
扩展	扩展（Expansion）、并列（List）
解说	补充（Specification）、解说（Interpretation）
时序	时序（Temporal）
因果	因果（Causation）、推论（Inference）、目的（Purpose）
对比	对比（Comparison）、转折（Contrast）

（一）总分关系

当一个关系论元的 SDU 内容是对另一个关系论元 SDU 的阐述、说明、总结时，两者为总分关系。总分关系涉及两个论元，两者之间有较为明显的主次关系。总分关系是段落以上 SDU 常见的结构语义关系，其下分为五个小类。

1. 详述（Elaboration）

当一个 SDU 的语义为后续 SDU 语义的核心内容，后续 SDU 的内容为核心 SDU 的具体阐述时，两者之间为详述关系，其中 arg1 为核心 SDU，arg2 为阐述 SDU，如图 2-5 所示。为了展示清晰起见，仅展示本小节阐述的语义关系，下层语义关系略去，下同。

```
elaboration：
    arg1：p0.s0  1985年的植树节,是个令人难忘的日子。
    arg2：p1.s0  这天,万里无云,春风拂面。
            p1.s1  在天坛公园植树的人群里,81岁高龄的邓小平爷爷格外引人注目。
            p1.s2  只见他手握铁锹,兴致勃勃地挖着树坑,额头已经布满汗珠,仍不肯休息。
            ……
            p3.s0  一棵绿油油的小柏树栽好了,就像战士一样笔直地站在那里。
            p3.s1  邓爷爷的脸上露了满意的笑容。
```

图 2-5 详述关系示例

对这篇文章来说,p0.s0 是后续内容的核心句,后面的内容都在阐述 1985 年的植树节为什么是个令人难忘的日子,此时它们之间的关系为详述关系。

详述关系常常出现在篇章较高层次的篇章语义单元之间的关系中,但并非只能出现在这一位置,它也可以出现在较低层次的篇章语义单元之间。以图 2-6 中的篇章语义单元为例:

```
elaboration：
    arg1：p0.s0  闻名中外的黄山风景区在我国安徽省南部。
            p0.s1  那里景色秀丽神奇,尤其是那些怪石,有趣极了。
    arg2：list
        arg1：……
        arg2：elaboration
            arg1：p3.s0  "仙人指路"就更有趣了!
            arg2：p3.s1  远远望去,那巨石真像一位仙人站在高高的山峰上,伸
                        着手臂指向前方。
```

图 2-6 底层篇章语义单元详述关系示例

该篇章中除了篇章顶层语义结构中出现了详述关系外,在较低层次的篇章语义单元 p3.s0 句和 p3.s1 句之间也存在详述关系,p3.s1 句是 p3.s0 句论点的具体阐释。

2. 总结(Summary)

当一个 SDU 语义为之前 SDU 语义的概括总结,它们之间的关系即为总结关系。其中 arg1 为阐述 SDU,arg2 为总结 SDU,如图 2-7 所示。

```
summary：
    arg1：p0.s0  沿着长长的小溪,寻找雷锋的足迹。
            p0.s1  雷锋叔叔,你在哪里,你在哪里?
            p0.s2  小溪说:昨天,他曾路过这里,抱着迷路的孩子,冒着蒙蒙的细雨。
            p0.s3  瞧,那泥泞路上的脚窝,就是他留下的足迹。
            ……
    arg2：p0.s9  啊,终于找到了——哪里需要献出爱心,雷锋叔叔就出现在哪里。
```

图 2-7 总结关系示例

可以看到p0.s9句是对前文语义的总结,因此两个SDU之间为总结关系。

3. 背景(Background)

当一个SDU的内容为后面SDU中将要发生的事件引入时间、地点、参与者时,两者之间的关系为背景关系,其中引入时间、地点、参与者等信息的SDU为arg1,核心内容SDU为arg2,如图2-8所示。

```
background:
    arg1:p0.s0 王二小是儿童团员。
         p0.s1 他常常一边放牛,一边帮助八路军放哨。
    arg2:p1.s0 有一天,敌人来扫荡,走到山口迷了路。
         p1.s1 敌人看见王二小在山坡上放牛,就叫他带路。
         ……
```

图 2-8 背景关系示例

p0.s0句和p0.s1句对后文故事所涉及的人物、背景信息进行介绍,因此标注两个SDU的关系为背景关系。

4. 评价(Evaluation)

当一个SDU内容是对另一个SDU的评价或对事件表达态度、抒发感情时,两者关系为评价关系,如图2-9所示。

```
evaluation:
    arg1:p0.s0 北京是我国的首都,是一座美丽的城市。
         p1.s0 天安门在北京城的中央,红墙、黄瓦,又庄严,又美丽。
         ……
         p1.s2 广场中间矗立着人民英雄纪念碑。
         p2.s0 北京有许多又宽又长的柏油马路。
         ……
    arg2:p4.s0 北京真美啊!
         p4.s1 我们爱北京,我们爱祖国的首都!
```

图 2-9 评价关系示例

在arg1描写完北京的天安门、马路等方面后,p4.s0句和p4.s1句所组成的arg2对北京进行评价并抒发感情,因此标注两个SDU的关系为评价关系。

5. 延伸(Extension)

当事件结束,叙述人跳出当前事件时间,对后续发展进行展望、对后续结果进行描述或是介绍故事的尾声,此时将之标注为延伸,如图2-10所示。

```
extension
    arg1:elaboration
        p0.s0 1985年的植树节,是个令人难忘的日子。
        p1.s0 这天,万里无云,春风拂面。
        p1.s1 在天坛公园植树的人群里,81岁高龄的邓小平爷爷格外引人注目。
        ……
    arg2:p4.s0 今天,邓小平爷爷亲手栽种的柏树已经长大了,"小平树"成了天坛公园
              一处美丽的风景。
```

图 2-10 延伸关系示例

p4.s0 句内容并非前一 SDU 核心内容"植树"的部分,而是"植树"完成后的后续,因此标注两个 SDU 为延伸关系。该类结构语义关系常出现在事件结尾,因此也多用于篇章宏观结构。

(二) 扩展关系

扩展关系即在前文信息基础上增加新信息的一种语义关系,是较为常见的一种信息推进的方式,其下可分为两小类。

1. 扩展(Expansion)

当一个 SDU 在前一个 SDU 的基础上,继续加入新信息,两者之间的关系则为扩展。扩展关系的论元之间没有明显的主次关系,如图 2-11 所示。

```
expansion
    arg1:p3.s0 溪流河川中闪闪发光的不仅仅是水,也是我们祖先的血液。
        p3.s1 那清澈湖水的每一个倒影,反映了我们的经历和记忆;那潺潺的流水声,
              回荡着我们祖辈的亲切呼唤。
        p3.s2 河水为我们解除干渴,滋润我们的心田,养育我们的子子孙孙。
        ……
        p4.s2 你们应该像善待自己的兄弟那样,善待我们的河水。
    arg2:p5.s0 印第安人喜爱雨后清风的气息,喜爱它拂过水面的声音,喜爱风中飘来
              的松脂的幽香。
        p5.s1 空气对我们来说是宝贵的,因为一切生命都需要它。
        ……
        p6.s2 同样,空气也会给我们的子孙和所有的生物以生命。
        p6.s3 你们要照管好它,使你们也能够品尝风经过草地后的甜美味道。
```

图 2-11 扩展关系示例

可以看到,由 p3 和 p4 段构成的 arg1 在说明要"善待我们的河水",p5 段和 p6 段构成的 arg2 在说明要照管好空气,arg2 在 arg1 基础上进一步补充新信息、推进行文,相互之间没有明显主次关系,因此标注这两个 SDU 之间语义关系为扩展关系。扩展关系论元数量可以超过两个。

2. 并列(List)

当一个 SDU 与其他 SDU 从不同时间、空间、角度对一个概念或事件进行说明,几个 SDU 间就是并列关系。并列关系的论元也可以有多个,如图 2-12 所示。

```
list:
    arg1:p3.s0 小草从地下探出头来,那是春天的眉毛吧?
    arg2:p4.s0 早开的野花一朵两朵,那是春天的眼睛吧?
    arg3:p5.s0 树木吐出点点嫩芽,那是春天的音符吧?
    arg4:p6.s0 解冻的小溪丁丁冬冬,那是春天的琴声吧?
```

图 2-12 并列关系示例

可以看到四个句子从不同侧面对"春天"进行论述,句子结构相似,因此该 SDU 标注为并列关系。

(三) 解说关系

解说即对前文信息的某个部分进行解释、补充、说明。其下包括两个小类:补充和解说。

1. 补充(Specification)

当一个 SDU 是对前一个 SDU 中的某一个信息进行补充和说明,或者对其进行更加详细的阐述,这两者之间的关系则为补充关系,其中 arg1 为包含被阐述内容的句子,arg2 为阐述内容,如图 2-13 所示。

```
specification:
    arg1:p3.s0 忽然,我的目光停留在几个坐凳上。
    arg2:p3.s1 说是坐凳,其实是一个卷鼻大耳象,象背上驮动着一块寸把厚的树桩。
         p3.s2 这些坐凳构思新奇,大象雕得栩栩如生。
```

图 2-13 补充关系示例

可以看到,p3.s1 和 p3.s2 句都是对 p3.s0 中的"坐凳"进行进一步描写和说明,因此标注两者之间的关系为补充关系。

2. 解说(Interpretation)

当一个 SDU 提出问题,另一个 SDU 就问题进行回答、解释、阐述等,两者之间为解说关系。这类语义关系专门用于问答类语义结构,如图 2-14 所示。

```
interpretation:
    arg1:p0.s1 平平,平平,这些房子都给谁住?
    arg2:p0.s2 一间给爷爷和他的书住。
         p0.s3 一间给奶奶和平平住。
         p0.s4 一间给爸爸妈妈住。
```

图 2-14 句子级解说关系示例

这里的 p0.s2、p0.s3、p0.s4 组成的 SDU 用于回答 p0.s1 提出的问题,因此将两个论元之间的关系标注为解说关系。

除了一问一答的对话结构外,一些篇章也会以提问—解答的方式展开论述,这类结构也标注为解说关系,如图 2-15 所示。

```
Interpretation:
    arg1:p0.s3 电脑网络这个新鲜玩意儿,到底是怎样的呢?
    arg2:p0.s4 爸爸告诉我,电脑网络如同一个遍布全球的蜘蛛网,把每个国家、每座城
              市甚至每个家庭连在了一起。
         p0.s5 进入网络,就好像跨上了信息高速路。
         p0.s6 可以迅速找到所需要的各种信息,可以用电子信箱和全世界的小朋友建
              立联系,还可以进行网上购物。
         p0.s7 有了网络,五湖四海的人随时可以交流,咱们的地球就成了一个小村庄。
```

图 2-15　篇章级解说关系示例

该篇章主题为电脑,在文章第一段提出了问题,其后的内容都可以看作是对该问题的解答。此时将这一层结构语义关系标注为解说关系。

(四) 时序关系(Temporal)

当多个篇章语义单元之间有较为明显的时间序列关系时,则将它们之间的关系标记为时序关系。当篇章内容为描写一个事件时,各个子事件之间常常用时序关系相连接。时序关系的关系论元可以多于两个,如图 2-16 所示。

```
temporal:
    arg1:p3.s0 小白兔玩累了,就回家休息。
         p3.s1 屋子里很冷,他往火里加了一些柴,就上床睡觉了。
    arg2:p4.s0 火把旁边的柴堆烧着了。
         p4.s1 小白兔睡得正香,一点儿也不知道。
    arg3:p5.s0 雪孩子看见小白兔家着火了,就飞快地跑了过去。
         p5.s1 雪孩子从大火中救出了小白兔,自己却化了。
```

图 2-16　时序关系示例

可以看到小白兔玩累了上床睡觉、柴堆烧着、雪孩子救出小白兔三个子事件的时间前后紧密相连,因此标注这些 SDU 的语义关系为时序关系。

(五) 因果关系

1. 因果(Causation)

当一个 SDU 为原因,另一个 SDU 为结果时,两者之间为因果关系,其中 arg1 为原因,arg2 为结果,如图 2-17 所示。

```
causation:
    arg1:p3.s0 当时我正在读《红岩》这部小说,江姐忍受酷刑时那十指连心的疼痛直锥
              我的心。
    arg2:p3.s1 我泪流不止。
```

图 2-17 因果关系示例

其中读的小说的内容致使"我"泪流不止,两句之间是致使类因果关系。篇章中的因果关系与句子中的因果关系稍有不同,大多为致使类因果关系。

2. 推论(Inference)

当一个 SDU 是根据另一个 SDU 而得出的结论,那么两者的关系为推论关系,其中事实为 arg1,得到的推论为 arg2,如图 2-18 所示。

```
inference:
    arg1:p6.s5 她头往后仰着,冰冷发青的脸上显出死的宁静,一只苍白僵硬的手像要
              抓住什么似的,从稻草铺上垂下来。
          p6.s6 就在这死去的母亲旁边,睡着两个很小的孩子,都是卷头发,圆脸蛋,身
              上盖着旧衣服,蜷缩着身子,两个浅黄头发的小脑袋紧紧地靠在一起。
    arg2:p6.s7 显然,母亲在临死的时候,拿自己的衣服盖在他们身上,还用旧头巾包住
              他们的小脚。
```

图 2-18 推论关系示例

其中母亲拿衣服盖在孩子身上的事情并非亲眼所见,而是根据所见到的情形推论得到的,因此标注为推论关系。

3. 目的(Purpose)

当一个 SDU 为行动,另一个 SDU 为该行动的目的、目标时,两者之间的关系为目的关系,其中行动为 arg1,目的为 arg2,如图 2-19 所示。

```
purpose:
    arg1:p2.s1 桑娜站起身来,把一块很厚的围巾包在头上,提着马灯走出门去。
    arg2:p2.s2 她想看看灯塔上的灯是不是亮着,丈夫的小船能不能望见。
```

图 2-19 目的关系示例

桑娜提着马灯出门的目的是去看灯塔和丈夫的小船,因此标注为目的关系。

(六) 对比关系

当两个 SDU 放在一起要突出其差异和不同时为对比关系,包括对比和转折。

1. 对比(Comparison)

当两个 SDU 既有相同信息又有不同信息,两者一起更加凸显其不同,本文

将这种关系称为对比关系,如图 2-20 所示。

```
comparison:
    arg1:p0.s5 不久,有花有草的地方,花更红了,草更绿了。
    arg2:p0.s6 没有花没有草的地方,长出了红的花,绿的草。
```

图 2-20　对比关系示例

两个句子对比了"有花有草的地方"和"没有花没有草的地方"各自的不同情况,因此标注为对比关系。

2. 转折(Contrast)

当两个 SDU 前后语义不是顺承延续,而是有明显的转折关系,两者之间即为转折关系,如图 2-21 所示。

```
contrast:
    arg1:p2.s5 我想到故乡,故乡的老朋友,心里有点酸酸的,有点凄凉。
    arg2:p2.s6 然而这凄凉并不同普通的凄凉一样,是甜蜜的,浓浓的,有说不出的味
        道、浓浓地糊在心头。
```

图 2-21　转折关系示例

转折关系通常带有明显的标记,如使用"但是""然而""不过"等。

三、篇章关系标记

在句子层面,复句中常常使用关联词来提示分句间的语义关系。在篇章中也有一些词或短语能够起到提示上下文语义关系的作用,本文将之称为篇章关系标记(Discourse Marker)。篇章关系标记可以是关联词,也可以是副词、小句等等。在标注时,将能够提示两个 SDU 关系的标记语放在相应论元后。

(一)关联词

转折、因果类的篇章关系常常有显性关联词提示,如"因为""所以""但是""不过""然而"等,如图 2-22 所示。

```
expansion:
    arg1:p3.s5 删掉原句中"包"这个动词,使得句子干净了也规范了。
    arg2(而且):p3.s6 而且"书皮"改成"包书纸"更确切,因为书皮可以认为是书的封
        面。
```

图 2-22　篇章关联词示例

p3.s6 句是在 p3.s5 句基础上继续说明修改后文字的好处,因此两个句子之间是扩展关系,"而且"标记了两个句子的关系,因此将之标注出来。要注意的是,CDAMR 只标注那些对句子以上层面的篇章语义单元间关系起提示作用

的关联词,对于只提示句内关系的关联词则不予标记,因此对于 p3.s6 句第二分句中表示两个分句语义关系的"因为"不予标注。

(二) 标记语

除了关联词外,其他词语或短语甚至小句也可以作为篇章关系标记语,如图 2-23 所示。

```
contrast:
    arg1:p0.s12 于是他抢过小竹板,照奶奶的样子,包起饺子来。
    arg2(没想到):p0.s13 没想到才包了几个,个个饺子都露了馅。
```

图 2-23 篇章标记语示例

"没想到"在句首提示句间的转折关系,类似的还有"谁知""这样一来"等。

四、语类标注

关于语类,Hasan[1]认为语类即篇章的类型,并从概念意义的组织模式角度对篇章语类结构进行分析。而以 Martin[2] 为代表的一些学者则认为,语类是通过语言来实现的活动类型,是以目标为导向的、目的性的行为。本书中语类指的是篇章的不同类型。为探索不同语类的篇章在篇章结构上的不同,CDAMR 对语料的语类也进行标注。本书研究的语料为小学语文语料,涉及语类有记叙文(故事)、议论文、描写文(散文)、说明文、现代诗歌、戏剧等[3],从类别上说比较丰富。在标注时,语类使用 genre 表示,如图 2-24 所示。

```
genre=记叙文
expansion:
    arg1:expansion
        arg1:p0.s0 妈妈告诉我,沿着弯弯的小路,就能走出大山。
        arg2:p0.s1 遥远的北京城,有一座天安门,广场上升旗仪式非常壮观。
    arg2:p0.s2 我对妈妈说,我多想去看看,我多想去看看。
```

图 2-24 语类标注示例

该段篇章通过"我"与"妈妈"的对话进行叙事,因此标注其语类为记叙文。

---

[1] R. Hasan. Text in systemic-functional model. In W. Dressler(eds). Current trends in text linguistics. Berlin: Walter de Gruyter, 1977: 228-246.

[2] J. R. Martin. Process and text: two aspects of human semiosis. In J. D. Benson, W. S. Greaves (eds). Systemic Perspectives on Discourse: Volume 1. Norwood, N. J: Ablex, 1985: 248-274.

[3] 小学语料大多为记叙文、描写文、说明文和议论文,但存在一部分诗歌和戏剧体裁的文章,语言特点鲜明,不好归于以上四类的一种,因此本文忽略其分类方式的不同,均归为本文标注语类。

第三节 概念语义关系表示

篇章一般围绕一个主题展开,这一主题涉及的人、事、物在篇章中会以不同形式反复出现,并从不同角度加以论述,这些多次出现的人、事、物所代表的概念是篇章语义的重要组成部分,其多个不同形式的表述之间的关系是篇章深层语义连贯的根本原因之一,因此 CDAMR 对篇章中多次出现、所指相同、能够将上下文关联起来的概念以及概念不同形式间的语义关系进行表示。

一、共指链

篇章中可能有多个词或短语表示同一概念,它们分布在多个位置,形式多样,可以是名词、代词、省略形式、名词短语等。对于这些不同形式、不同位置,但表示相同概念的词语,本文用共指链对其进行表示。共指链即一个篇章概念及表达该概念的表述构成的链,所有指向同一概念的形式构建起一条共指链。共指链由三个部分组成:链名称、概念语义关系和概念实例。链名称包括链类型和该类型下的编号,概念实例又包括该实例在篇章中的位置和实例。本书将一个共指链所指向的概念叫做共指概念(Coreferent),共指链上首次出现的、能够代表该共指概念的实例称为先行词(Anaphora),其后出现的所有形式都称为该共指概念的表述(Mention)。表述与共指概念之间的关系即为概念语义关系。一个篇章中可以有多条共指链。

本书所标注的概念与 CAMR 中的概念略有不同。CAMR 中为每个词语标注了概念语义,而 CDAMR 只关注篇章中多次出现的、有助于篇章连贯、对体现篇章语义有作用的概念,因此在篇章中只出现一次、与上下文没有意义上的联系的概念不在标注范围内。此外,本书只关注名词、代词和名词短语所形成的概念,动词短语和其他短语的概念语义关系也不在本书考察范围内。

二、概念类别

一个篇章内可以出现多个共指概念,从语义上可以划分为以下几类。

(一)人称概念

人物是事件的参与者,是推动事件发展的主体,对篇章语义计算有着重要作用。本书认为,指称概念是实体概念的一种,并将之归为概念语义体系,在表示体系中以 Fi 来指代篇章中的人物共指链,第一个出现的篇章参与者概念为 F1,第二个为 F2,以此类推,如图 2-25 所示。

```
p0.s0   x0_王二小 x1_是 x2_儿童 x3_团员 x4_。
        F1:(REF/ x0_王二小)
p1.s0 x15_有 x16_一 x17_天 x18_, x19_敌人 x20_来 x21_扫荡 x22_, x23_走 x24_到
      x25_山口 x26_迷 x27_了 x28_路 x29_。
        F2:(REF/x19_敌人)
```

图 2-25　人称概念共指链示例

在动物拟人化表述且参与事件进展时,也用 F 链表示,如图 2-26 所示。

```
p1.s1   x24_她   x25_睁   x26_开   x27_眼睛   x28_一   x29_看   x30_,   x31_是
        x32_一   x33_只   x34_蚂蚁   x35_趴在   x36_一   x37_根   x38_水草   x39_上
        x40_。
        F2:(REF/x34_蚂蚁)
```

图 2-26　拟人化人称概念共指链示例

(二) 实体概念

篇章中很多实体概念在多个位置被反复提及,形成实体概念共指链,以 Mi 表示,如图 2-27 所示。

```
p0.s0   x0_童年 x1_的 x2_时候 x3_, x4_我们 x5_这些 x6_孩子 x7_, x8_最 x9_大 x10_
        的 x11_快乐 x12_就是 x13_做 x14_风筝 x15_。
        M1:(REF/x14_风筝)
```

图 2-27　实体概念共指链示例

"风筝"是该篇章主要话题,在后文反复出现,因此为其建立共指链 M1。需要注意的是,篇章中有大量概念,有些概念只出现一次,且并没有跟其他词语概念形成共指概念链,则不需要对其进行标注。

(三) 空间概念

篇章中还有一些表示空间的概念在篇章不同位置多次出现,本文以 Li 来表示篇章中相关的空间概念共指链,如图 2-28 所示。

```
p0.s0   x0_西沙群岛 x1_是 x2_南海 x3_上 x4_的 x5_一 x6_群 x7_岛屿 x8_, x9_是 x10
        _我国 x11_的 x12_海防 x13_前哨 x14_。
        L1:(REF/x0_西沙群岛)
```

图 2-28　空间概念共指链示例

"西沙群岛"是该篇章描述内容所在空间,在后文多次出现,形成共指,因此为其标注空间共指链 L1。需要说明的是,并非文章中所有表示地点的概念都

要表示,而是只表示那些提示篇章或事件发生地点的空间概念。

(四) 时间概念

篇章中有一些时间概念也会多次出现,形成共指,本文以 Ti 来表示在篇章中出现的时间概念共指链,如图 2-29 所示。

```
p0.s0    x0_1927年4月28日 x1_, x2_我 x3_永远 x4_忘 x5_不 x6_了 x7_那 x8_一 x9_
         天 x10_。
         T1:(REF/x0_1927年4月28日)
```

图 2-29 时间概念共指链示例图

该篇章描述的事件是在"1927 年 4 月 28 日"发生的,后文多次对这一天进行共指,因此使用时间概念共指链 T1 对其进行表示。目前 CDAMR 仅对有代词回指的明确的时间词、时间短语进行标注,其他情况本文暂未讨论。

三、概念语义关系表示

(一) 先行词表示

当一个概念的表述第一次出现在篇章中且其语义可以概括该共指概念语义时,该表述即为共指链先行词,标注时以"REF"来表示,如图 2-30 所示。

```
p0.s0    x0_早晨 x1_, x2_小云 x3_醒来 x4_一 x5_看 x6_, x7_枕头 x8_边 x9_放 x10_着
         x11_一 x12_只 x13_可爱 x14_的 x15_布熊 x16_。
         F1:(REF/x2_小云)
         M1:(REF/x15_布熊)
```

图 2-30 概念先行词示例

其中,"小云"为 F1 链的先行词,"布熊"为 M1 链的先行词。在标注时,先行词只标注中心词。

(二) 表述与共指概念语义关系表示

当一个概念在篇章引入后再次出现,会以零指代、代词、短语等多种形式出现,形成篇章共指。语义上的表述与概念之间也存在多种语义关系。CDAMR 规定了 10 种表述与概念之间的关系,包括同形、代词、零形、同义、部分、成员、比喻、上义、属性和空间共指。具体类别如下:

1. 同形共指

当使用与共指链先行词相同词形的词语或短语进行共指时,叫做同形共指。与先行词相同词形的词语即为同形表述。同形共指是篇章常用的衔接方

式之一。同形表述与共指概念语义相同,标注时用"copy"表示,如图 2-31 所示。

```
p1.s0    x0_菜园 x1_里 x2_, x3_冬瓜 x4_躺 x5_在 x6_地上 x7_, x8_茄子 x9_挂 x10_在
         x11_枝 x12_上 x13_。
             M1:(REF/x3_冬瓜)
p1.s1    x14_屋檐 x15_下 x16_, x17_燕子 x18_妈妈 x19_对 x20_燕子 x21_说 x22_:"
         x23_你 x24_到 x25_菜园 x26_去 x27_, x28_看看 x29_冬瓜 x30_和 x31_茄子
         x32_有 x33_什么 x34_不 x35_一样 x36_?"
             M1:(copy/x29_冬瓜)
```

图 2-31 同形共指示例

可以看到,p1.s1 句中的"冬瓜"与 p1.s0 句的"冬瓜"同形同指,因此使用同一共指链 M1 表示两者之间的关系。

2. 代词共指

代词也是汉语篇章概念常用的共指方式之一。代词与共指概念所指相同。在标注时,关系以"pro"表示,其后加上句中实例及其索引,如图 2-32 所示。

```
p0.s2    x28_谷穗 x29_弯 x30_弯 x31_, x32_他 x33_鞠 x34_着 x35_躬 x36_说 x37_:
         x38_" x39_我 x40_是 x41_秋天 x42_。"
             F3:(REF/x28_谷穗
                 pro/x32_他
                 pro/x39_我)
```

图 2-32 代词共指示例

句中代词"他"和"我"都指向"谷穗",因此用一条共指链 F3 对其进行表示。

3. 零形共指

零形共指是汉语篇章概念共指的一种常用方式,省略的零代词语义与链共指概念所指相同。由于零代词没有词语形式,也就没有位置索引和对应实例,因此本书用零代词所在位置后一个词语的位置+"s"表示,如"x4s"表示 x4 前空格位置,即零代词位置,关系以"zero"表示,实例以"pro"表示,意为指向共指链概念,如图 2-33 所示。

```
p1.s0    x10_爸爸 x11_刚 x12_下班 x13_回来 x14_, x15_拿 x16_起 x17_画 x18_, x19_看
         x20_了 x21_看 x22_, x23_把 x24_画 x25_贴 x26_在 x27_了 x28_墙上 x29_。
             F2:(REF/x10_爸爸
                 zero/x15s_pro
                 zero/x19s_pro
                 zero/x23s_pro)
```

图 2-33 零形共指示例

该句中第二、三、四分句的主语位置缺省,因此分别在 x15、x19、x23 三个位置前加入零形共指标注,代表该位置缺省零代词,缺省的零代词语义与 F2 共指链概念相同。

除了主语之外,其他位置缺省的零代词也要表示。具体例子如图 2-34 所示。

```
p4.s0   x225_此时 x226_我 x227_身无分文 x228_, x229_只好 x230_脱 x231_下 x232_新
        x233_买 x234_的 x235_大衣 x236_。
        M4:(REF/x235_大衣)
p4.s1   x237_老板 x238_接 x239_过去 x240_看 x241_了 x242_看 x243_, x244_耸  x245
        _耸 x246_鼻子 x247_, x248_还给 x249_了 x250_我 x251_。
        M4:(zero/x243s_pro
            zero/x251s_pro)
```

图 2-34 宾语位置零代词示例

其中,p4.s1 句中第一分句和第三分句分别省略了宾语"大衣",因此在相应位置加入其零形共指标注其所在共指链 M4。要说明的是,CDAMR 标注面向的是句子级语义角色的缺失,因此对分句内部连谓短语缺省的宾语不再标注,这部分信息可以从 CAMR 标注中获得。

4. 同义共指

当表述为链先行词的同义词或同义短语时,则为同义共指,用"syn"表示。表述与共指链概念所指相同,如图 2-35 所示。

```
p0.s0   x0_在 x1_号称 x2_:" x3_世界 x4_屋脊 x5_" x6_的 x7_青藏高原 x8_, x9_有
        x10_两 x11_个 x12_世界 x13_之 x14_最 x15_:x16_一个 x17_是 x18_世界 x19_
        最 x20_高 x21_的 x22_山峰 x23_—— x24_珠穆朗玛峰 x25_, x26_一个 x27_是
        x28_世界 x29_最 x30_深 x31_最 x32_长 x33_的 x34_河流峡谷 x35_—— x36_雅
        鲁藏布大峡谷 x37_。
        M2:(REF/x36_雅鲁藏布大峡谷)
p1.s2   x111_峡谷 x112_平均 x113_深度 x114_2268 x115_米 x116_, x117_最 x118_深处
        x119_达 x120_6009 x121_米 x122_, x123_是 x124_不容置疑 x125_的 x126_
        世界  x127_第一 x128_大 x129_峡谷 x130_。
        M2:(syn/x111_峡谷
            syn/x126_世界 x127_第一 x128_大 x129_峡谷)
```

图 2-35 同义共指示例

p1.s2 中的"峡谷"与"世界第一大峡谷"均与"雅鲁藏布大峡谷"同义共指,因此使用同一条共指链 M2 对其进行表示。在标注同义共指短语时,需要把修饰语部分纳入表示范围。

5. 部分共指

如果表述的概念与共指概念所指并不完全相同,而是共指概念的组成部分,两者语义联系紧密,表述概念语义可以激活共指概念语义,起到将上下文语义连接起来的作用,此时将表述概念标注为部分共指,用"mero"表示。这类的部分概念有身体部分、机构、地理实体组成部分等,如图 2-36 所示。

p3.s1	x273_中国国际救援队 x274_得到 x275_信息 x276_: x277_有 x278_个 x279_儿童 x280_下落不明 x281_, x282_可能 x283_仍 x284_被 x285_埋 x286_在 x287_废墟 x288_里 x289_, x290_希望 x291_能够 x292_协助 x293_救援 x294_。 　　　F3:(REF/x279_儿童)
p3.s6	x359_救援 x360_队员 x361_在 x362_" x363_超强 x364_" x365_的 x366_引导 x367_下 x368_, x369_看到 x370_了 x371_废墟 x372_中 x373_有 x374_一 x375_只 x376_隐隐 x377_活动 x378_的 x379_胳膊 x380_。 　　　F3:(mero/x379_胳膊)

图 2-36　部分共指示例

该篇章中,"胳膊"为失踪儿童的身体部分,救援队员看到了"胳膊",即意味着找到了失踪儿童,因此将其标注为部分共指,与"儿童"共享一条共指链 F3。

6. 成员共指

当共指概念为一个集合概念,而表述为共指概念的成员时,将之标注为成员共指,用"indv"表示,即两者为成员—集合关系,如图 2-37 所示。

p0.s1	x8_那里 x9_景色 x10_秀丽 x11_神奇 x12_, x13_尤其 x14_是 x15_那些 x16_怪石 x17_, x18_有趣 x19_极了 x20_。 　　　M2:(REF/x16_怪石)
p1.s0	x21_就 x22_说 x23_" x24_仙桃石 x25_" x26_吧 x27_, x28_它 x29_好像 x30_从 x31_天上 x32_飞 x33_下来 x34_的 x35_一个 x36_大 x37_桃子 x38_, x39_落 x40_在 x41_山顶 x42_的 x43_石盘 x44_上 x45_。 　　　M2:(indv/x24_仙桃石)

图 2-37　成员共指示例

"仙桃石"是"怪石"之一,是其组成成员,因此为其标注同一共指链,并表示两者之间的成员—集合关系。

7. 比喻共指

当表述以共指概念喻体形式出现时,则为比喻共指,用"mtph"表示,如图 2-38所示。

```
p3.s1   x95_远远 x96_望去 x97_,x98_那 x99_巨石 x100_真 x101_像 x102_一 x103_位
        x104_仙人 x105_站 x106_在 x107_高高 x108_的 x109_山峰 x110_上 x111_,
        x112_伸 x113_着 x114_手臂 x115_指向 x116_前方 x117_。
           M2:(copy/x99_巨石
                mtph/x104_仙人)
```

图 2-38　比喻共指示例

文中将"巨石"比喻为"仙人",两者共指,因此将其标注为同一共指链 M2。

8. 上义共指

篇章中有时使用概念的上位词来指代已经出现过的某个具体概念。当表述概念为共指概念上位概念时,则为上义共指,用"hyp"进行表示,如图 2-39 所示。

```
p5.s2   x405_搬 x406_来 x407_的 x408_东西 x409_里 x410_,x411_有 x412_一些 x413_
        麦子 x414_。
           M5:(REF/x413_麦子)
p5.s3   x445_到 x446_了 x447_第四年 x448_,x449_终于 x450_吃 x451_到 x452_了
        x453_自己 x454_种 x455_的 x456_粮食 x457_。
           M5:( hyp/x456_粮食)
```

图 2-39　上义共指示例

p5.s3 中的"粮食"不是泛指所有粮食,而是指的播种后收获的"麦子",即 p5.s2 中 M5 共指概念,此处将其标注为同一共指链,并标注其关系为"hyp"。

9. 属性共指

篇章中某些概念已经出现后,再次出现时会只使用该概念某方面的属性,如人称概念的声音、身份,实体概念的形状、颜色等,这些概念可以激活其所属整体概念,实现共指。此时将之标注为属性共指,用"attr"表示,如图 2-40 所示。

```
p0.s0   x0_夜幕 x1_降临 x2_,x3_一 x4_轮 x5_明月 x6_悬挂 x7_在 x8_高高的 x9_夜空
        x10_,x11_那 x12_皎洁 x13_的 x14_月光 x15_曾 x16_引起 x17_人们 x18_多
        少  x19_美好 x20_的 x21_遐想 x22_!
           M1:(syn/x5_明月
                attr/x14_月光)
```

图 2-40　属性共指示例

"月光"是共指链 M1 概念"月亮"的属性,其语义与共指概念语义紧密相关,可以激活共指概念语义,因此将其归为 M1 概念共指链,并表示其与共指概念的关系。

10. 空间共指

当一个概念出现后,再次出现时是以该概念的某个空间组成部分的形式出

现,此时将之标注为空间共指,用"loc"表示,如图 2-41 所示。

```
p0.s0    x0_日月潭 x1_是 x2_我国 x3_台湾省 x4_最 x5_大 x6_的  x7_一个 x8_湖 x9_。
           M1:(REF/x0_日月潭)
p2.s0    x73_清晨 x74_, x75_湖面 x76_飘 x77_着 x78_薄薄的 x79_雾 x80_。
           M1:(loc/x75_湖面)
```

图 2-41 空间共指示例

p2.s0 句中的"湖面"即为共指链 M1 概念"日月潭"的部分空间,此时标注其对主概念的共指方式为空间共指。

四、主链与子链

篇章中会有多个概念共指链,这些概念在篇章中反复出现,常常是篇章某个部分表述的核心。本文将这种篇章中反复出现,且为该部分表述核心的概念称为话题。一个篇章中可能有多个话题,有的是整个篇章的话题,有的是篇章的局部话题。不同句子间话题有时会进行转换。当新句话题所指概念是之前某概念的阐述内容、与原概念有部分—整体、成员—集体、上下义等语义关系时,新话题概念可以看作是原概念的子概念;而围绕新话题概念产生的共指链则可以看作原概念共指链的子链,在描述该概念与原概念共指关系及语义关系后,可以为其建立独立共指链,以 $Mi.j$ 来进行表示。

其中,部分概念的表述常常分支出子链,成为新的话题,构建出新的共指概念子链。在表示子链时,要先表示该概念与共指链的语义关系,再为其建立子链,如图 2-42 所示。

```
p2.s0    x156_兵马俑 x157_不仅 x158_规模 x159_宏大 x160_, x161_而且 x162_类型
         x163_众多 x164_, x165_个性 x166_鲜明 x167_。
           M1:(copy/x156_兵马俑)
p3.s0    x168_将军俑 x169_身材 x170_魁梧 x171_, x172_头 x173_戴 x174_鹖冠 x175_,
         x176_身披 x177_铠甲 x178_, x179_手 x180_握 x181_宝剑 x182_, x183_昂首挺
         胸 x184_。
           M1:(indv/x168_将军俑)
             M1.1:(REF/x168_将军俑)
```

图 2-42 部分共指概念分化子链示例

"将军俑"是众多"兵马俑"中的一个,与"兵马俑"是成员关系。由于其又成为后面论述的中心,因此在标注其在"兵马俑"共指链上的语义关系后,为其建立子链 M1.1。

比喻共指时,作为喻体的表述也可以分支出子链,构建出新的共指概念子

链,如图 2-43 所示。

```
p3.s1   x95_远远 x96_望去 x97_, x98_那 x99_巨石 x100_真 x101_像 x102_一 x103_位
        x104_仙人 x105_站 x106_在 x107_高高 x108_的 x109_山峰 x110_上 x111_,
        x112_伸 x113_着 x114_手臂 x115_指向 x116_前方 x117_。
            M2:(copy/x99_巨石
                mtph/x104_仙人)
                M2.1:(REF/x104_仙人
                    zero/x112s_pro)
```

图 2-43 比喻共指概念分化子链示例

可以看到,在用"仙人"比喻共指 M2 概念"巨石"后,第三分句的主语应为"仙人"而非"巨石",此时"仙人"成为后续论述的话题和新的篇章共指概念,因此为其建立子链 M2.1。

一些建筑、机构、地理概念在表示实体的同时也表示一定的方位,在对这些概念进行阐述时常常以空间为视角进行转移,子空间与原概念之间为局部与整体关系,子空间概念共指原概念,子空间成为局部阐述的新话题,形成一条空间子链,用 $Li.j$ 表示,空间共指也是子链分支的一种常用方式,如图 2-44 所示。

```
p0.s0   x0_西沙群岛 x1_是 x2_南海 x3_上 x4_的 x5_一 x6_群 x7_岛屿 x8_, x9_是 x10_
        我国 x11_的 x12_海防 x13_前哨 x14_。
            L1:(REF/x0_西沙群岛)
p2.s0   x85_海底 x86_的 x87_岩石 x88_上 x89_长 x90_着 x91_各种各样 x92_的 x93_珊
        瑚 x94_, x95_有的 x96_像 x97_绽开 x98_的 x99_花朵 x100_, x101_有的 x102_
        像 x103_分枝 x104_的 x105_鹿 x106_角 x107_。
            L1:(loc/x85_海底)
                L1.1:(REF/x85_海底)
p4.s0   x222_海滩 x223_上 x224_有 x225_栋 x226_不 x227_完 x228_的 x229_贝壳 x230
        _, x231_大 x232_的 x233_, x234_小 x235_的 x236_, x237_颜色 x238_不 x239_
        一 x240_, x241_形状 x242_千奇百怪 x243_。
            L1:(loc/x222_海滩)
                L1.2:(REF/x222_海滩)
```

图 2-44 空间概念分化子链示例

在 p0 段落也就是篇章第一段提出该篇章主要场景 L1"西沙群岛"后,后续段落以西沙群岛各所属空间为视角对其进行介绍,如第三段 p2 是对海底的情况进行介绍,第五段 p4 是对海滩上的情况进行介绍,因此,分别为其建立空间子链 L1.1"海底"和 L1.2"海滩"。

从主链分化出的子链也可以继续分支,子链转移是篇章话题转换的一种重要方式,如图 2-45 所示。

```
p1.s0    x54_我 x55_拾 x56_起 x57_一块 x58_光滑 x59_的 x60_小 x61_石头 x62_，x63_
         把 x64_它 x65_扔 x66_了 x67_出去 x68_，x69_一不小心 x70_，x71_石头 x72_
         砸 x73_在 x74_了 x75_老奶奶 x76_家 x77_的 x78_后 x79_窗户 x80_上 x81_，
         x82_我们 x83_听到 x84_玻璃 x85_破碎 x86_的 x87_声音 x88_，x89_就 x90_像
         x91_兔子 x92_一样 x93_飞快 x94_地 x95_逃走 x96_了 x97_。
         M2：(copy/x76_家
             mero/ x79_窗户）
                 M2.1：(REF/ x79_窗户
                     mero/x84_玻璃）
                         M2.1.1：(REF/x84_玻璃）
p2.s0    x98_那天 x99_晚上 x100_，x101_我 x102_一 x103_想到 x104_老奶奶 x105_家
         x106_被 x107_打碎 x108_的 x109_玻璃 x110_就 x111_害怕 x112_，x113_担心
         x114_她 x115_知道 x116_是 x117_我 x118_干 x119_的 x120_。
         M2.1.1：(copy/x109_玻璃）
```

图 2-45 子链分化示例

p1.s0 句中的"窗户"为共指链 M2 概念"家"的组成部分，且后文中多次出现，是篇章概念之一，因此为其建立子链 M2.1；同时"玻璃"又是该子链概念"窗户"的组成部分，且后文也再次出现，因此为其建立次级子链 M2.1.1。

第四节　汉语篇章抽象语义表示体系的特点

汉语篇章抽象语义表示体系以图形式对篇章结构语义关系和概念语义关系同时进行表示，打破了以往篇章表示体系只对篇章某方面语义表示的方法，实现了概念语义和结构语义的贯通表示。它继承了 AMR、CAMR 以及其他优秀篇章表示体系的一些方法，同时又根据篇章特点进行了改进和提升。本节将对汉语篇章抽象语义表示体系与 AMR、CAMR 以及其他篇章语义表示体系的不同之处进行介绍。

一、对 AMR 及 CAMR 的继承与发展

汉语篇章抽象语义表示体系（CDAMR）继承了 AMR 和 CAMR 在语义表示方面的优点，并根据篇章特点进行了改进和发展。主要体现在以下几个方面：

1. 在句子表示基础上对篇章抽象语义进行表示。CDAMR 是 AMR 和 CAMR 在篇章层级语义表示的继承和发展，同时还克服了 AMR 和 CAMR 在

语义表示时的跨句信息损失，使得语义表示更加完整准确，实现从词语到篇章顶层结构所有层级的语义表示。

2. 允许添加省略的概念节点。AMR 和 CAMR 对句中缺省的论元角色进行添加。CDAMR 继承了这一优点，对于篇章中省略的概念节点进行添加。但 CAMR 添加的概念节点如果句内没有先行词就会指向虚拟节点；而 CDAMR 在篇章中找到先行词并指明其指向，实现了篇章级缺省论元的添加。图 2-46 展示了 CAMR 与 CDAMR 在添加省略概念节点上的异同①。

可以看到，CAMR 对句子中缺省论元进行了补全，如补全了 p5.s2 句后一分句"大口大口吃起葡萄来"的 arg0 为"猴子"。但是由于以句子为单位进行标注，句子之间并不共享语义，因此 p5.s3 句最后一个分句"也尝了一颗"缺省的宾语中心语在本句内无法找到先行词，就标注为"thing"。同样，p5.s4 句"真甜"中主语承上句缺省，但 CAMR 无法跨越本句，因此就没有标注该句主语。这些问题在 CDAMR 中都得到了解决，CDAMR 以篇章为单位去标注缺省论元，从篇章中找到缺省论元的概念，为 p5.s2 的分句"也尝了一颗"和 p5.s3 的分句"真甜"找到其缺省概念"葡萄"，并用其所属共指链 M1 在相应位置进行表示。

3. 在共指关系标注方面，CAMR 只对句子内部产生的指代关系进行标注，这样如果句子内部没有代词的所指概念，代词语义仍然无法消解。CDAMR 则在此基础之上，在篇章范围内为每一个代词标注其语义指向，从而使句子语义表示更加准确。仍以图 2-46 中的句子为例，p5.s3 第一个分句"小松鼠和小兔子见他吃得这么开心"中的"他"在本句内没有先行词，因此 CAMR 对"他"的表示仅仅是将其表示为"吃得这么开心"的 arg0，"他"究竟是谁则没有进一步表示；而 CDAMR 则是为"他"找到其所指概念"猴子"并用其共指链 F4 进行表示。

---

① 两个例句在 CAMR 和 CDAMR 中索引并不相同，为展示清晰起见，此处采用 CDAMR 中的段落句子位置索引和 CAMR 的词语位置索引。

CAMR	CDAMR
p5.s2　x1_小 x2_猴子 x3_听 x4_了 x5_, x6_大 x7_口 x8_大 x9_口 x10_地 x11_吃 x12_起 x13_葡萄 x14_来 x15_。	
(x16 /temporal 　　:arg1() (x3 / 听-01 　　　　:arg0() (x2 / 猴子 　　　　　　:arg0-of() (x1 /小-01)) 　　　　:aspect() (x4 /了)) 　　:arg2() (x11_x12 /吃-01 　　　　:arg0() (x2 /猴子) 　　　　:arg1(x14/来) (x13 / 葡萄) 　　　　:manner(x10/地) (x6_x7_x8_x9 / 大口)))	F4:(copy/x2_猴子 　　　zero/x6s_pro) M1:(copy/x13_葡萄)
p5.s3　x1_小 x2_松鼠 x3_和 x4_小 x5_兔子 x6_见 x7_他 x8_吃 x9_得 x10_这么 x11_开心 x12_, x13_也 x14_尝 x15_了 x16_一 x17_颗 x18_。	
(x19 / causation 　　:arg1() (x6 / 见-01 　　　　:arg0() (x3 / and 　　　　　　:op1() (x2 / 松鼠 　　　　　　　　:arg0-of() (x1 / 小-01)) 　　　　　　:op2() (x5 / 兔子 　　　　　　　　:arg0-of() (x4 / 小-01))) 　　　　:arg1() (x11 /开心-01 　　　　　　:mod() (x10 / 这么) 　　　　　　:arg0() (x7 / 他) 　　　　　　:arg1(x9/得) (x8 / 吃-01 　　　　　　　　:arg0() (x7 /他)) 　　　　　　:arg1-of(x9/得) (x11 / 开心-01)))) 　　:arg2() (x14 /尝-01 　　　　:mod() (x13 /也) 　　　　:arg0() (x3 / and) 　　　　:aspect() (x15 /了) 　　　　:arg1() (x34 / thing 　　　　　　:quant() (x16 / 1) 　　　　　　:cunit() (x17 /颗))))	F2:(copy/x2_松鼠 　　　zero/x13s_pro) F3:(pro/x5_兔子 　　　zero/x13s_pro) F4:(pro/x7_他) M1:(zero/x18s_pro)
p5.s4　x1_啊 x2_! x3_真 x4_甜 x5_。	
(x4 /甜 　　:degree() (x3 /真) 　　:mode() (x1_x2 / expressive))	M1:(zero/x3s_pro)

图 2-46　CAMR 与 CDAMR 概念节点添加方式异同示例

总的来说，相较于 CAMR，CDAMR 不仅仅是增加了篇章关系标注，而且在概念关系标注方面突破了句子范围的限制，在篇章范围内对概念语义进行表示，减少了跨句信息损失。同时，CDAMR 和 CAMR 又可以联合使用，CDAMR 通过对齐句子即可调用 CAMR 信息，获得句子内部所有词语语义关系，两者各有所长、相互补充，共同完成篇章从底层词语到顶层结构的全方位表示。

AMR、CAMR 和 CDAMR 三者在标注方面的异同如表 2-2 所示。

表 2-2　AMR、CAMR、CDAMR 标注异同对比

表示体系	表示对象	篇章关系	概念语义关系范围	添加的省略概念节点	共指信息
AMR	单句	×	句内	动词框架缺省论元	句内零代词
CAMR	单句、复句	×	句内	动词框架缺省论元、时体数信息、虚词、兼语、连动、的字结构的缺省论元	句内代词、零代词
CDAMR	篇章	✓	篇章	句子缺省的语义角色	篇章代词、零代词、共指短语

二、CDAMR 与其他篇章表示体系的不同之处

现有的篇章表示体系如宾州篇章树库（PDTB）、修辞树库（RST）等在表示篇章句间关系和篇章结构方面取得了巨大的进步，但它们都对句子内部和跨句概念语义关系不够关注。对于篇章语义来说，篇章语义的连贯既来自句子间的逻辑语义，同时篇章内部概念间的语义关系也是篇章作为一个语义整体不可或缺的一个部分。结合 CAMR，CDAMR 可以实现从概念、词语、句子到篇章所有级别的语义表示的贯通，对句子级结构逻辑语义关系和词语级语义关系同时表示，构建起从底层到顶层的篇章语义网络，有助于篇章研究的深入，以及对自然语言篇章连贯机制的统计分析与研究。

在结构语义关系表示方面，CDAMR 语义关系分类体系与 RST 体系和 PDTB 体系也有一些不同之处，主要有以下几个方面：

1. RST 体系和 PDTB 体系的最小标注单位都是分句，因此它们均有一些语义关系是关注意义更加紧密的分句之间的关系的，如 RST 中的使能关系、析取关系、让步关系，PDTB 中的选择关系、排他选择关系等。由于 CAMR 对语料中的复句进行了复句关系标注，CDAMR 专注篇章级语义关系，因此不包含让步、选择等只出现在句子内部的语义关系。

2. CDAMR 在关注句间语义关系的同时，还增加了篇章宏观结构语义关

系。与 PDTB 体系主要描写句间关系不同，RST 体系中的语义关系关注了篇章较高层次语义单元间的宏观结构关系，以及较为抽象的篇章语义关系如证明、解答等。但是 RST 体系的分类有 25 种之多，一些语义关系之间的区别太过于细致，这会给标注者的标注带来一定困难；同时由于类别过多，每个类别的实例数量就会相应减少，类别间过于相近，这样也会给机器学习类别特征时造成一定障碍。CDAMR 在分析汉语篇章特点、试标语料反馈的情况下，合并了一些分类过细的类别，如将背景与环境合并为背景，将意愿性、非意愿性原因与意愿性、非意愿性结果进行合并，同时根据篇章宏观结构特点增加了延伸，可以说是更加针对篇章级结构语义关系制订的关系体系，能够更好地反映篇章各级语义单元间的语义关系。

3. CDAMR 在对篇章结构进行表示的同时，对篇章的语类和篇章显性关系标记进行了表示，为后续理论研究和自然语言处理应用提供更加丰富的篇章语义信息。

汉语篇章抽象语义表示体系与其他体系在篇章表示上的对比如表 2-3 所示。

表 2-3　CDAMR 与其他体系标注内容异同对比

	最小标注单元	结构关系	语类	篇章标记	概念关系
PDTB 体系	分句	分句—分句 句—句	×	√	×
RST 体系	分句	分句—分句 句—句 篇章结构	×	×	×
CAMR[①]	分句	分句	×	×	√
CDAMR	句子	句—句 篇章结构	√	√	√

汉语篇章抽象语义表示体系与其他篇章表示体系语义关系分类方式异同如表 2-4 所示。

[①] 指 CAMR 对复句的表示方法。

表 2-4 CDAMR 与 PDTB、RST 体系篇章关系分类对比

CDAMR 大类	CDAMR 小类		RST		PDTB 大类	PDTB 中类
总分	详述	多核	总结	重述	扩展	并列
	总结		解释	评估		承接
	背景		证据	证明		复述
	补充		对照	让步		选择
	评价		环境	解答		排他选择
	延伸		详述	背景		例证
扩展	扩展		使能	动机	时序	同时
	并列		目的	条件		异时
时序	时序		否则		转折	转折
对比	对比		意原性原因			语用转折
	转折		非意愿性原因			让步
因果	因果		意愿性结果			语用让步
	推论		非意愿性结果		因果	致使
	目的	多核	并列			语用致使
	条件		对立			条件
			罗列			语用条件
			连接			

本章小结

本章介绍了汉语篇章抽象语义表示体系的构建。在吸收相关理论的基础上，为篇章语义建立了一套形式化的表示方法。之后从结构语义关系体系和概念语义关系体系两个方面对篇章抽象语义进行表示，最后与其他篇章表示体系进行对比。本书提出的汉语篇章抽象语义表示体系实现了对篇章语义的多方位表示，能够体现出篇章级概念间语义关系，为后续的 CDAMR 语料库构建和相关的篇章语义计算任务奠定了良好的基础，同时也可以推广到其他语言的篇章语义表示中。

第三章
汉语篇章抽象语义 CDAMR 语料库的构建

大规模标注语料库是基于统计的自然语言处理的坚实物质基础。特别是随着深度学习的发展,专家制定手工特征模板方法已逐渐为机器迭代学习语料内在特征的方法所代替,这对语料库所蕴含语义信息的丰富性和准确性提出了更高的要求。根据第一章对相关工作的总结和分析可以发现,目前对篇章语义表示的语义资源仍然匮乏,特别是自底至上对篇章语义进行综合表示的篇章语料库仍是空白。因此本书以第二章汉语篇章抽象语义表示体系为基础,制定详细的标注规范,进行汉语篇章抽象语义表示语料库的构建工作。本章首先对语料库的标注方法进行介绍,包括语料来源、标注流程、标注平台,接着对语料试标结果进行一致性分析,随后对语料标注不一致现象进行分析,从而迭代地对汉语篇章抽象语义表示体系和标注规范进行修正,为进一步构建高质量的 CDAMR 语料库提供支持,最后开展大规模标注,构建起汉语篇章抽象语义语料库,以期为自然语言处理提供数据资源。

第一节 语料标注方法

基于汉语篇章抽象语义表示体系,本书采用人机结合的方法构建了 CDAMR 语料库。本节将从语料资源、标注流程、标注平台等几个方面对 CDAMR 语料库进行介绍。

一、语料来源

CDAMR 语料库选用人教版小学语文教材中的课文作为语料标注资源。人教版小学语文共有篇章 355 篇,去除其中的古诗及古文 27 篇,此外将二年级下《寓言两则》以及五年级下《人物描写一组》拆分,最终 CDAMR 语料库共计标注语料 333 篇。

之所以选取小学语文课文作为标注语料,有这样几个原因:一是小学语文语料语言规范、结构完整。目前已有的篇章语料库如宾州树库、OntoNotes 等多采用新闻语料。新闻语料语言规范,结构明确,但除了新闻语类外,篇章中还有记叙文、说明文、议论文、描写文、对话、故事、小说等其他各种语类。且新闻语类的篇章结构相对固定,与一般的篇章结构有所不同,无法代表篇章语义结构的全貌。而小学语文课文语类多样,涉及记叙文、说明文、议论文、散文等,基本涵盖篇章语类,且作为教材,其语言及结构规范有示例性,更加具有篇章结构原型性,是非常好的语料资源。二是 CAMR 对小学语文语料也进行了标注,在 CAMR 基础上再对其篇章语义关系进行标注,就可以将句子抽象语义与篇章抽象语义相结合,实现对篇章从概念到宏观结构的全方位、多层次的语义表示。

二、语料标注流程

汉语篇章抽象语义语料库标注工作共由语言学专业 2 位博士生带领 3 位高年级本科生在标注规范指导下共同完成。标注共分四个阶段:

1. 标注规范初步制订、专家论证阶段。在参考相关文献、分析研究篇章语料的基础上初步制订标注规范,并请语料库及计算语言学领域专家对规范进行论证,提出意见,根据意见对标注规范进行进一步修正。该阶段从 2020 年 1 月开始至 2020 年 7 月结束,共耗时 6 个月。

2. 标注平台开发、标注员培训与语料试标阶段。基于标注规范,开发标注平台,并开始对标注员进行培训。之后进入试标阶段,试标语料是从小学语料每个学年随机抽取两篇,所有标注员标注相同篇章,标注完成后进行讨论。这一阶段也是标注非常重要的阶段,一方面通过试标和讨论对规范中未能考虑的问题进一步细化和补充、对有问题的规范进行修正,从而完成对标注规范的进一步打磨和提升;另一方面通过讨论得出黄金标准,作为该阶段一致性检验的根据。通过一致性检验及时发现标注不一致问题,对一些有歧义、有困难的语料进行讨论并得到一致解决方案,修改标注规范,从而进一步提高标注质量。该阶段从 2020 年 7 月开始至 2020 年 11 月结束,耗时 4 个月。

3. 正式标注阶段。由标注人员在标注平台上分组完成,标注完后进行人工校对、机器整合。该阶段从 2020 年 11 月开始至 2021 年 4 月结束,耗时 5 个月。

4. 完成语料标注、整合资源,形成可发布的语料资源。

本书标注流程及技术路线图如图 3-1 所示。

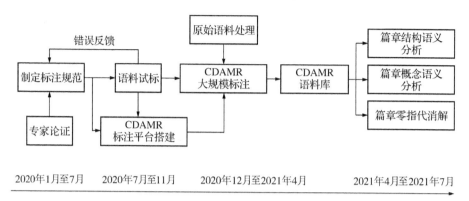

图 3-1　CDAMR 语料库标注流程与技术路线图

三、标注平台介绍

本文语料库是在自行开发的 CDAMR 专用标注平台 CDAMR Annotator 上完成的。本平台使用的开发语言为 JavaScript，软件环境为 node-v11.6.0，vue-3.7.0，electron-2.0.4。其中使用 JavaScript 可视化库 D3.js 进行图层绘制和交互可视化。平台主要有四个基本模块：文本、结构划分、指代链标注和比对模块。图 3-2 为 CDAMR Annotator 界面示意图。

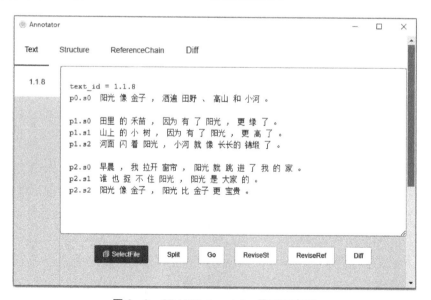

图 3-2　CDAMR Annotator 界面示意图

下面分别对标注器的四个功能模块进行介绍。

1. 文本模块"Text"即对语料进行预处理,导入原始文本后,点击"Split"按钮即可对导入的原始文本进行篇章切分、自动标注词语序号、去除原始文本中无关符号等处理。预处理完的语料可以用于后续的结构标注和指代链标注。

2. 结构划分模块"Structure"主要是对篇章结构语义关系进行切分和标注,标注者选中要标注的篇章单元后选中"relation",然后选中子菜单中的"elaboration""causation"等结构语义关系为选中篇章单元进行标注。"relation"有两种,一种为二元关系,如"elaboration"只涉及两个关系论元;另一种为多元关系,可用于标注涉及多个论元的语义关系,如"expansion""temporal"等。标注时采用自底向上逐层标注,即可将图转化为 AMR 文本表示进行保存。其中标注页面如下图 3-3 所示。

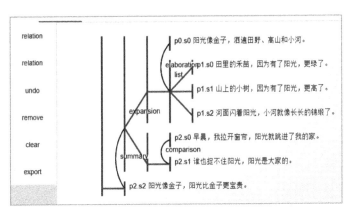

图 3-3 篇章结构标注页面图

当标注完成时,点击"export"输出按钮,标注器就可以自动将标注内容转化为 CDAMR 文本模式,点击即可输出和保存标注文件。输出文本页面如下图 3-4 所示。

3. 指代链标注模块"ReferenceChain"用于概念语义关系标注,标注篇章中的共指链。"ref"按钮及下辖子菜单用于增加新共指链,"relation"用于标注共指链上词语间的语义关系。若概念为两个词以上的短语,则使用"relation_"对其进行组合。标注好的共指链显示于右侧,单击任意一条共指链,界面中就会将该条链所涉及词语全部用颜色和高亮显示出来。指代链标注页面如下图 3-5 所示。

```
summary
    arg1:p2.s2 阳光像金子,阳光比金子更宝贵。
    arg2:expansion
        arg1:elaboration
            arg1:list
                arg1:p1.s0 田里的禾苗,因为有了阳光,更绿了。
                arg2:p1.s1 山上的小树,因为有了阳光,更高了。
                arg3:p1.s2 河面闪着阳光,小河就像长长的锦缎了。
            arg2:p0.s0 阳光像金子,洒遍田野、高山和小河。
        arg2:comparison
            arg1:p2.s1 谁也捉不住阳光,阳光是大家的。
            arg2:p2.s0 早晨,我拉开窗帘,阳光就跳进了我的家。
```

Export Path: /123/_st.txt

图 3-4 篇章结构输出页面图

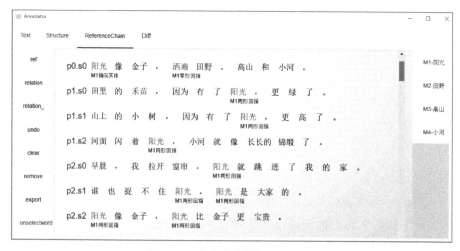

图 3-5 篇章指代链标注页面图

当全部标注好后,点击"export"按钮,输出时标注器就会自动将标注转化为 CDAMR 文本表示形式进行输出和保存。指代链输出页面如下图 3-6 所示。

4. 比对模块"Diff"用于对同一篇章的不同标注进行比对,以便发现标注不一致之处。当调入同一篇章的两篇不同标注文本后,标注器会将相同位置的不同标注以不同颜色高亮显示,这一模块主要为标注者在分析总结修正标注时所用,如下图 3-7 所示。

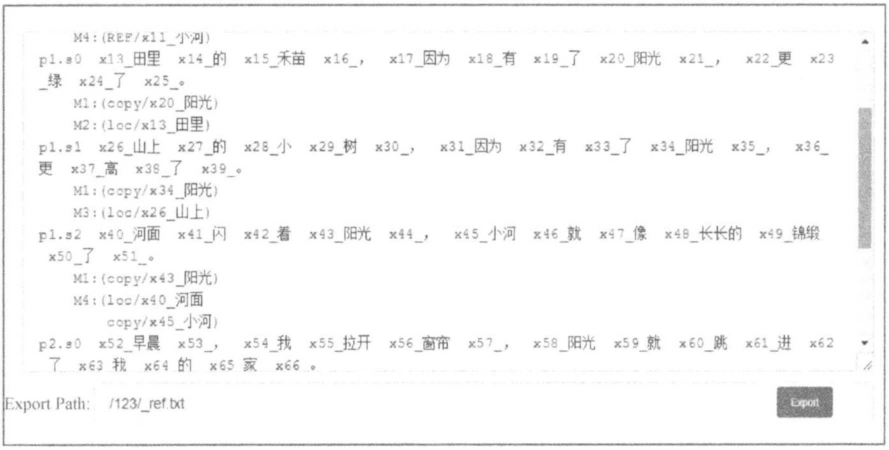

图 3-6 篇章指代链输出页面图

图 3-7 比对模块不同标注者标注差异分析图

所有模块中都有"undo""clear"按钮,其中"undo"用于撤销当前操作,"clear"用于撤销所有操作,以便标注者修改标注。另外平台提供"revise"修正功能,可以对之前已经做过标注的文件进行导入和操作,以便标注者后期校对和修正,提高标注质量。

总的来说,CDAMR Annotator 标注平台能够对语料进行文本切分、清洗、编号等预处理,大大减少了标注者的工作;将 CDAMR 结构语义关系和概念语义关系及相互之间的逻辑关系嵌入平台中,对标注内容以可视化界面显示,可使标注清晰可见,降低标注难度,减少漏标、错标;同时将标注内容自动转换为 CDAMR 标注格式,能够大大减少标注时间、提升标注效率;另外比对功能能够帮助标注者找到不一致的标注,对错误进行反馈,从而也进一步提高了标注质量。对篇章抽象语义语料库构建来说,CDAMR Annotator 标注平台可以说是一个切合标注实际、高效的人机一体化标注平台。

第二节　语料标注质量分析

人工标注是语料库建设的关键环节,人工标注的语料常常作为下游任务的黄金标准交由机器学习,因此语料库的标注质量直接影响着语言知识的表示以及下游任务的性能,决定着机器能从语料中学到什么信息。虽然标注者都遵循同一标注规范,但在实际语料标注过程中,由于语言本身模糊性、多义性的存在,以及标注者对于世界知识和语言理解的不同,标注不一致现象难以避免。因此,在语料库构建过程中能做到的是尽量降低标注不一致率,但无法消灭不一致现象。一般来说,常用一致性程度作为语料库标注质量的评价标准。

一、一致性评价方式

语料标注一致性程度常常使用 IAA(Inter Annotator Agreement)得分来衡量,即标注者内在一致性得分。其计算方法如公式 3-1 所示。

$$IAA = \frac{A}{N} \qquad (3-1)$$

其中 N 为标注总数量,A 为标注者标注相同的数量,两者相比即可得到 IAA 得分。IAA 得分为衡量不同标注人员的标注质量提供了有参考意义的评价方法。对于两个标注者来说,可以写成公式 3-2。

$$IAA = \frac{|A \cap B|}{|A \cup B|} \times 100\% \qquad (3-2)$$

即 A 和 B 标注一致的数量和 A、B 标注的总量的比例。

另一种常用的检验一致性的算法为 Kappa 算法,该算法考虑了两个标注者都错误地选择了同一个标签的偶然一致性,其计算公式如公式 3-3 所示。

$$\text{Kappa} = \frac{p_a - p_e}{1 - p_e} \qquad (3-3)$$

其中,p_a 为标注者标注实际一致率,即 IAA 得分,p_e 为标注者偶然一致率。

由于本书在指代链标注时每篇文章允许标注者标注的指代链数量不同,每条指代链的表述数量也可以不同,而计算 Kappa 一致性时需要标注数据完全对称,同时本书采取小组试标,在试标后全组对标注进行讨论,得到一致意见,该讨论修改后的标注可以作为黄金标准,不需要考虑偶然一致性的计算,因此本书采取第一种算法来进行本书标注的一致性检验。

二、标注一致性统计

在计算篇章结构标注一致性时,本文借鉴了 Marcu 等[①]以及褚晓敏[②]的计算方法,将篇章中所有句子及其之间的关系转换为(句子,句子)的二元组及(句子,句子,语义关系)的三元组。例如一个含有四个句子的篇章 D={S1,S2,S3,S4},其结构和语义在 CDAMR 中的表示如图 3-8 所示。

```
elaboration
    arg1:S1
    arg2:causation
        arg1:list
            arg1:S2
            arg2:S3
            arg2:S4
```

图 3-8 篇章结构及语义关系示意图

其结构和语义可以转换为二元组和三元组:如果两个句子有结构关系标为 1,无关系标为 0;如果一个有语义关系标相应标签,无语义关系则标为 Null。如果一个结构涉及的论元包含多个句子,则将该论元所涉及的结构及语义关系标注在该论元所涉及的第一个句子上。如 S1 与[S2,S3,S4]是 elaboration 的两个论元,则认为[S1,S2]间存在结构关系,其语义关系为 elaboration;而 S1 与 S3 之间不再标注语义关系,结构标为 0,语义标为 Null。表 3-1 为篇章 D 的结构语义标注示意表。

表 3-1 篇章结构及语义标注示意表

论元对		结构	语义
开始位置	结束位置		
S1	S2	1	elaboration
S1	S3	0	Null
S1	S4	0	Null
S2	S3	1	list

---

① D. Marcu, E. Amorrortu, M. Romera. Experiments in constructing a corpus of discourse trees. In Proceedings of the Workshop on Towards Standards and Tools for Discourse Tagging. 1999: 48-57.
② 褚晓敏:《宏观篇章结构表示体系、资源建设和计算模型研究》,苏州:苏州大学博士论文,2018年,第 49-50 页。

续表

论元对		结构	语义
开始位置	结束位置		
S2	S4	1	causation
S3	S4	0	Null

在进行一致性计算时,当两个标注对某个句子是否有关系的标注一致时,一致性得分+1。当句子对结构标注一致且语义标注也一致时,语义一致性得分+1。

在对共指链进行一致性分析时,本书计算链一致率和表述一致率为:计算链一致率计算方式为两个标注中对相同概念进行表示的共指链数量与共指链总量之比。计算表述一致性的方法为:当两个标注中某个词语对应的概念语义关系相同,表述一致性得分+1,一致表述数量与所有表述数量之比即为表述一致率。

经过标注规范培训和一段时间试标讨论后开始正式试标。第一阶段试标在小学语文教材中按照年级随机选取的6个篇章上进行,经试标后,标注组开会对每篇文章进行讨论,并最终将修改后统一意见的标注作为黄金标准G。以此为基础,对标注组其他成员的标注进行一致性计算,将每个人的结果取宏平均,最终结果如表3-2所示。

表3-2　第一阶段标注一致性

类别	一致率
结构关系	0.849
语义关系	0.785
共指链	0.773
表述	0.756

可以看到,这一阶段结构关系一致性得分为0.849,而语义关系一致性得分仅为0.785,语义关系的一致性低于结构一致性。这是因为语义关系一致需要结构和语义均一致,因此分数较结构一致性稍差。在共指链标注方面,共指链的整体标注较之链上各表述的标注稍好,这是因为标注者对篇章中的主要概念链观念较为一致;而对篇章中大量的表述的从属则容易产生分歧,因此表述的一致率稍差一些。

基于第一次试标注的一致性分析,标注组对不一致问题进行了讨论和分析,对一些有歧义的文本统一了标注思想,细化了一些标注规范。在此基础上,进行了第二阶段试标。此次试标在小学语料中按照年级再随机选取 6 个篇章。经试标后，标注小组开会对这部分标注讨论修改，并最终将修改后统一意见的标注作为黄金标准 G。以此为基础，对其他标注进行一致性计算，结果如表 3-3 所示。

表 3-3 第二阶段标注一致性

类别	一致率
结构关系	0.898
语义关系	0.853
共指链	0.850
表述	0.813

可以看到，在结构关系、语义关系、共指链以及表述标注四个方面，第二次标注的一致性都比第一次有了提高，均超过了 0.8，说明标注达到了非常好的一致性。经过两个阶段、历时四个月的试标注，标注人员熟练掌握了标注规范，形成了较为一致的标注思想，试标语料达到了较好的一致性水平。在此基础上，大规模标注工作正式展开。

第三节 标注不一致因素分析及解决方案

语料标注是标注者利用自己的知识对语料进行理解和解释的过程。这一过程与标注者的世界知识、专业知识、理解能力等多种因素相关，因人而异。Palmer 指出，建立在世界知识上的意义区分是不确定的[1]。因此，在标注过程中对语义的理解和判断出现分歧难以避免。这种标注不一致现象出现在语料库中会降低语料库的质量，并影响以之为基础进行训练学习的语义解析等下游任务的性能，因此有必要对标注不一致现象进行分析，以在最大程度上减少不一致，提高语料标注的一致性和语料库的质量。

通过统计两次试标中的不一致现象，并使用 CDAMR Annotator 的 "Diff" 模块对不一致现象进行分析可以发现，在 CDAMR 语料标注过程中，结构语义标注不一致现象主要由两方面的原因造成。一是语料本身存在着模糊性和歧

---

[1] P. Martha. Consistent criteria for sense distinction. Computers and the Humanities, 2000, 34 (1/2): 217-222.

义性,标注者在标注中对同一语言现象理解存在差异,造成了标注不一致。特别是篇章语义,由于汉语意合的特点,显性的语义关系标记少,造成语义有多种理解的可能。反映在标注中,就是节点的多标和漏标。二是标注规范不够细致和完善,无法涵盖实际语料中出现的各种语言现象,导致标注者无法选择合适的标签。由此,在结构语义关系标注和概念语义关系标注中均造成一定的不一致现象。接下来本节分别对结构和共指链标注的不一致现象进行分析。

一、结构语义关系标注不一致分析及解决方案

结构语义关系标注不一致主要是由于篇章语义本身复杂、模糊的特点和标注规范不够清晰准确两方面的原因造成的,下面将就这两点展开讨论。

(一) 篇章语义本身具有复杂、模糊的特点

篇章中除了最底层的句子之间有时会有显性的关系词或短语提示相互之间的关系,句群、段落、章节间提示性关系标记较少,语义比较模糊,有时有多种理解方式,这给标注造成了很大困难,并导致了标注不一致现象的发生,反映在标注中,即为漏标和多标。漏标即句子对间有语义关系而标注者没有标注,多标即句子对间没有语义关系但标注者给予了标注。经过统计,两次试标的 12 个篇章共包含关系节点 6875 个[①],其中漏标 426 个,多标 351 个,结构标注节点一致但语义关系不一致的节点有 327 个。表 3-4 分别给出结构语义标注不一致的具体分布情况。

表 3-4 结构标注不一致情况分布

		多标	漏标	语义不一致	节点数量
结构	数量(个)	351	426	327	6875
	比例(%)	5.11	6.20	4.76	100

这类现象在叙事文和描写文中表现得尤为明显。描写文,又称散文,其特点为结构自由、写法多样,形散神不散。围绕篇章要表达的主题,其表现手法灵活不受限制,内容自由随意,因此其结构之间较为松散,常常有多种解读方式,以图 3-9 中的描写文为例:

---

① 此处统计的节点为所有句子对数量。

```
p0.s0    阳光像金子,洒遍田野、高山和小河。
p1.s0    田里的禾苗,因为有了阳光,更绿了。
p1.s1    山上的小树,因为有了阳光,更高了。
p1.s2    河面闪着阳光,小河就像长长的锦缎了。
p2.s0    早晨,我拉开窗帘,阳光就跳进了我的家。
p2.s1    谁也捉不住阳光,阳光是大家的。
p2.s2    阳光像金子,阳光比金子更宝贵。
```

图 3-9　描写文语义模糊性示例

可以看到,该篇章中心主题虽然很明确,是在歌颂阳光,但除了第一段 p0.s0 与第二段 p1.s0 至 p1.s2 的语义关系还较为清晰,第三段 p2.s0、p2.s1 两句之间以及与上下文的语义关系皆较为模糊,不同标注者根据自己的解读在标注时给出对比、转折、扩展等多种语义关系,这对语料标注的一致性提出了挑战。

针对这类问题,标注规范给出以下解决方案:从篇章主题和宏观结构出发,先切分出篇章顶层结构和语义关系,在考虑次级语义关系时,要从该级篇章单元在篇章整体意图和主题输出时的功能和作用出发来考量。以此为指导,图 3-9 中例文可以做如下切分,如图 3-10 所示。

```
summary:
    arg1:expansion
        arg1:elaboration
            arg1:p0.s0 阳光像金子,洒遍田野、高山和小河。
            arg2:list
                arg1:p1.s0 田里的禾苗,因为有了阳光,更绿了。
                arg2:p1.s1 山上的小树,因为有了阳光,更高了。
                arg3:p1.s2 河面闪着阳光,小河就像长长的锦缎了。
        arg2:contrast
            arg1:p2.s0 早晨,我拉开窗帘,阳光就跳进了我的家。
            arg2:p2.s1 谁也捉不住阳光,阳光是大家的。
    arg2:p2.s2 阳光像金子,阳光比金子更宝贵。
```

图 3-10　描写文结构语义划分示例

该篇章第三段两个句子之间隐含转折关系,核心语义为"阳光属于每个人",这样就与前两段形成扩展关系共同对阳光进行描述,最后一段为全文意义总结。

时序关系是叙事文篇章中常常使用的语义关系。然而在实际语言中,一些时序关系与其他逻辑语义关系存在一定的叠加,很难截然分开。如因果关系蕴含着时序关系,时序关系也会指示一定的因果关系。特别是汉语在叙事时常常采用流水结构,各部分之间形式上十分松散,靠深层语义之间的关系联系在一起。对于这类篇章,有的标注者会选择较为浅层的时序关系,有的则标注更加深层的其他语义关系,以图3-11中的例文为例:

```
p0.s0    我从树杈上取下两只鸟蛋,小小的鸟蛋凉凉的,拿在手上真好玩。
p0.s1    妈妈看见了,说:两只鸟蛋就是两只小鸟,鸟妈妈这会儿一定焦急不安!
p0.s2    我小心地捧着鸟蛋,连忙走到树边,轻轻地把鸟蛋送还。
p0.s3    我仿佛听见鸟儿的欢唱,抬起头来,把目光投向高远的蓝天。
```

图3-11　篇章结构多义性示例

可以看出,从取鸟蛋、妈妈发表意见、我送回鸟蛋,到最终听见鸟儿欢唱,四个句子之间存在着时序关系。但同时,我取鸟蛋与妈妈对这件事的态度之间是不一致的,存在转折关系;送回鸟蛋是在妈妈发表意见的情况下做出的决定,两句之间也存在着一定的因果致使关系。这种多层次的语义关系给标注工作带来了很大的困难。

对于这类问题,标注规范做出如下规定:在标注事件和子事件时,只有各篇章单元间有明确的表时序关系的词或短语提示其时序关系时,才标注时序关系,除此之外,都应标注其更深层次语义关系。

以此为指导,图3-11中的例文可以划分为如下结构,如图3-12所示。

```
extension:
    arg1:background
        arg1:p0.s0 我从树杈上取下两只鸟蛋,小小的鸟蛋凉凉的,拿在手上真好玩。
        arg2:causation
            arg1:p0.s1    妈妈看见了,说:两只鸟蛋就是两只小鸟,鸟妈妈这会儿一定
                          焦急不安!
            arg2:p0.s2    我小心地捧着鸟蛋,连忙走到树边,轻轻地把鸟蛋送还。
    arg2:p0.s3 我仿佛听见鸟儿的欢唱,抬起头来,把目光投向高远的蓝天。
```

图3-12　篇章多义结构标注示例

p0.s0、p0.s1和p0.s2之间标注为因果关系,p0.s3是"我"对"鸟儿"飞走后的畅想,可以看作是事件的尾声,因此将之作为篇章的第一层结构语义,并标注其与篇章其他部分的关系为延伸(Extension)关系。

(二) 标注规范中一些语义关系比较接近,造成混淆

表述清晰、指示明确的标注规范是语料标注工作的基础。然而由于规范中一些语义标签内涵较为接近,这会造成标注者在某句子对之间存在一定语义关系上达成一致,但却选择不同的语义关系标签标示两者的关系,从而造成标注

的不一致。具体来说有以下几类:

1. 详述关系和补充关系

当一个 SDU 的语义为后续 SDU 语义的核心内容,后续 SDU 的内容为核心 SDU 的具体阐述时,两者之间为详述关系。当一个 SDU 是对前一个 SDU 中其中一个信息进行补充和说明,或者对其进行更加详细的阐述,这两者之间的关系则为补充关系。由于两种语义关系后一个 SDU 的语义均用于阐述前一个 SDU,因此在使用时会造成一定的混淆。

对于这一问题,规范和实际标注中规定:详述关系的 arg2 是对 arg1 整体内容的展开阐述,而补充关系的 arg2 是对 arg1 中某个部分的信息补充,如图 3-13 中例文所示。

elaboration:	specification:
arg1:p0.s0 我会变。 arg2:p0.s1 太阳一晒,我就变成汽。 　　　p0.s2 升到天空,我又变成无数极小极小的点儿,连成一片,在空中飘浮。	arg1:p12.s4 在军警中间,我发现了前几天被捕的工友阎振三。 arg2:p12.s5 他的胳膊上拴着绳子,被一个肥胖的便衣侦探拉着。

图 3-13 详述关系和补充关系对比示例

其中 p0.s1 句和 p0.s2 句都是对 p0.s0 句"我会变"的展开论述;而 p12.s5 句则是对 p12.s4 中的一个人物"阎振三"的补充说明,而非对整句意义的阐述。

2. 并列关系和对比关系

当几个 SDU 从不同时间、空间、角度对一个概念或一个事件进行说明,这几个 SDU 之间就是并列关系。当两个 SDU 既有相同信息又有不同信息,两者一起更加凸显其不同,这种关系为对比关系。对比关系与并列关系都由至少两个形式和语义都非常接近的篇章单元组成,因此会在标注中造成一定混淆。

对于这一问题,规范规定:对比关系的论元只有两项,两项间常常有相同词语或相同句式,语义上主要突出其不同;而并列关系的关系论元可以有多项,相互之间语义上是铺排关系,如图 3-14 中例文所示。

list:	comparison:
arg1:p1.s3 公鸡的尾巴弯。 arg2:p1.s4 鸭子的尾巴扁。 arg3:p1.s5 孔雀的尾巴最好看。	arg1:p0.s5 不久,有花有草的地方,花更红了,草更绿了。 arg2:p0.s6 没有花没有草的地方,长出了红的花,绿的草。

图 3-14 并列关系和对比关系对比示例

p1.s3 至 p1.s5 句在罗列不同动物的情况;而 p0.s5 和 p0.s6 两句则是主要在讲两者的不同,因此虽然两个篇章语义单元内部句子形式都非常接近,但仍分属不同语义关系。

3. 扩展关系和时序关系

当一个 SDU 在前一个 SDU 的基础上继续加入新信息,两者之间的关系则为扩展关系。当 SDU 之间有较为明显的时间并列关系时,则将它们之间的关系标记为时序关系。扩展关系和时序关系是篇章中非常常见的两种语义关系,两者在语义上有一定的重叠,因此在标注时是出现较多的一种不一致标注类型。

对此,规范做出规定:时序关系用于含有多个子事件的事件结构标注,当多个子事件间有较为明确的时间词或并列关系,标注为时序关系;当新篇章语义单元主要为前一语义单元增加新信息时,标注为扩展关系,如图 3-15 中例文所示。

temporal:	expansion:
arg1:p29.s0 28 日黄昏,警察叫我们收拾行李出拘留所。	arg1:p2.s0 清晨,湖面上飘着薄薄的雾。
arg2:p30.s0 我们回到家里,天已经全黑了。	arg2:p2.s1 天边的晨星和山上的点点灯光,隐隐约约地倒映在湖水中。
arg3:p30.s1 第二天,舅姥爷到街上去买报。	

图 3-15 时序关系和扩展关系对比示例

其中 p29.s0 至 p30.s1 三个句子按照事件顺序陈述事件,有比较清晰的时序关系;而 p2.s1 则是顺着 p2.s0 的语义继续补充新的信息,因此标注为扩展关系。

总的来说,在对两次标注的不一致进行统计和分析后,对标注规范进一步修订,并再次明确了篇章结构语义关系的标注原则:

其一,在标注篇章顶层结构时,以篇章整体意图以及各部分的功能为依据进行划分。

其二,在标注篇章中层核心结构时,以事件结构为视角,以时间、参与者和分段特征等为参照,每个子事件为一个结构单元。

其三,在标注篇章底层微观结构时,仔细揣摩句子或句群间关系,以可增补的关系词关系标记为参照,进行结构语义划分。

二、概念语义关系标注不一致分析及解决方案

对于共指链标注来说,不一致主要来自对一些概念是否构成篇章连贯看法不一,因此会造成链标注的多标和漏标。在表述概念的标注中,不一致主要来自零形共指的漏标、概念同形不同指造成的多标等等。表3-5是共指链及表述标注中多标漏标的分布情况。其中链数量为所有标注人员标注的链的总和,表述节点数量为篇章概念总和。

表3-5 共指链及表述标注不一致情况分布

	共指链			表述			
	链	多标	漏标	节点	多标	漏标	语义不一致
数量(个)	540	43	55	7779	621	869	275
比例(%)	100	7.96	10.19	100	7.98	11.17	3.54

可以看到,共指链标注中漏标情况更多,说明标注人员在标注时容易疏漏一些篇章级概念;表述标注中错误最多的也是漏标,语义标签不一致的比例较少。在标注概念语义关系时出现的不一致的现象,主要由以下原因造成:

(一)同一词语指向不同概念

一般来说,篇章中同一词语指向同一概念,通过词语的重复实现篇章的衔接。然而在实际语言中,有些词语虽然词形相同,其指向的概念却不同,如图3-16的例文所示。

p3.s3	我把钱和一张便条装进信封,在便条上向老奶奶说明了事情的经过,并真诚地向她道歉。
p4.s0	一直等到天黑,我才悄悄地来到老奶奶家门前,把信封投到她家的信箱里。
p4.s1	我心里顿时感到一阵轻松。
p5.s0	第二天,我去给老奶奶送报纸。
p5.s1	她微笑着接过报纸,说:"我有点儿东西给你。"
p5.s2	原来是一袋饼干。
p5.s3	我谢过她,然后一边吃着饼干,一边继续送报纸。
p6.s0	当饼干快要吃完的时候,我发现袋子里有一个信封。
p6.s1	打开信封一看,里面是7美元和一张便条,上面写着:我为你骄傲。

图3-16 同形不同指现象示例

p3.s3句和p4.s0句中的"信封"和"便条"是"我"攒够了钱那天送到老奶奶家的;而p6.s0和p6.s1中的"信封"和"便条"则是第二天老奶奶给"我"的,两个词词形相同,但并不是表示同一个东西。但从篇章衔接角度来说它们又是通过

同形的方式实现了篇章的衔接,标注者从不同角度出发,对其处理不同,就会造成在标注中的不一致。

针对这类问题,修订后的规范规定:共指链用于表示同一概念的不同表述,而非不同概念的相同词形;不同概念应该用不同的共指链进行表示。

以此为指导,图3.16中p3.s3句和p4.s0句中的"信封"与p6.s0和p6.s1句中的"信封"标注为不同共指链;p3.s3句中的"便条"与p6.s1句中的"便条"也标注为不同共指链,如图3-17所示。

```
p3.s3   x182_我 x183_把 x184_钱 x185_和 x186_一 x187_张 x188_便条 x189_装 x190_
        进 x191_信封 x192_, x193_在 x194_便条 x195_上 x196_向 x197_老奶奶 x198_
        说明 x199_了 x200_事情 x201_的 x202_经过 x203_, x204_并 x205_真诚 x206_
        地 x207_向 x208_她 x209_道歉 x210_。
            M5:(REF/x188_便条
                 copy/x194_便条)
            M6:(REF/x191_信封)
p4.s0   x211_一直 x212_等 x213_到 x214_天 x215_黑 x216_, x217_我 x218_才 x219_悄
        悄地 x220_来到 x221_老奶奶 x222_家 x223_门前 x224_, x225_把 x226_信封
        x227_投   x228_到 x229_她 x230_家 x231_的 x232_信箱 x233_里 x234_。
            M6:(copy/x226_信封)
p6.s0   x290_当 x291_饼干 x292_快要 x293_吃 x294_完 x295_的 x296_时候 x297_,
        x298_我 x299_发现 x300_袋子 x301_里 x302_有 x303_一个 x304_信封 x305_。
            M7:(REF/x304_信封)
p6.s1   x306_打开 x307_信封 x308_一 x309_看 x310_, x311_里面 x312_是 x313_7
        x314_美元 x315_和 x316_一 x317_张 x318_便条 x319_, x320_上面 x321_写
        x322_着   x323_:x324_我 x325_为 x326_你 x327_骄傲 x328_。
            M7:(copy/x307_信封)
            M8:(REF/x318_便条)
```

图3-17 同形不同指现象标注示例

(二)对常见省略现象习焉不察

汉语中省略现象非常常见,CDAMR要求标注中要把分句及以上篇章单元中缺省的零代词进行标注,但是由于习焉不察,一些位置的零代词很容易漏标,如图3-18中的例句所示。

```
p3.s1   5月24日,中国国际救援队得到信息:有个儿童下落不明,可能仍被埋在废墟
        里,希望能够协助救援。
p3.s5   突然,"超强"冲着一条水泥板夹缝狂吠不止,大家兴奋地喊道:"找到了! 找到
        了!"
```

图3-18 省略现象示例

该句中"找到了"均承前省略,但在标注时有的标注者只标注主语,有的则只标注了宾语,这造成了标注中的漏标现象。

对于这类问题,规范明确规定:对篇章中分句以上单元缺省的句子主要论元均需要标注其所属概念共指链。

以此为指导,图 3-18 中"找到了"的主语"中国国际救援队"和宾语"儿童"均需要标注,如图 3-19 所示。

```
p3.s1    x268_5 x269_月 x270_24 x271_日 x272_, x273_中国国际救援队 x274_得到
         x275_信息 x276_: x277_有 x278_个 x279_儿童 x280_下落不明 x281_, x282_可
         能  x283_仍 x284_被 x285_埋 x286_在 x287_废墟 x288_里 x289_, x290_希望
         x291_能够 x292_协助 x293_救援 x294_。
            F1:(copy/x273_中国国际救援队
                zero/x291s_pro)
            F3:(REF/x279_儿童
                zero/x282s_pro)
p3.s5    x334_突然 x335_,"x336_超强 x337_" x338_冲 x339_着 x340_一 x341_条 x342_
         水泥板 x343_夹缝 x344_狂吠 x345_不 x346_止 x347_, x348_大家 x349_兴奋
         x350_地 x351_喊道 x352_:" x353_找到 x354_了 x355_! x356_找到 x357_了
         x358_!"
            F1.1:(copy/x336_超强)
            F1:(pro/x348_大家
                zero/x353s_pro
                zero/x356s_pro)
            F3:(zero/x354s_pro
                zero/x357s_pro)
```

图 3-19　省略现象标注示例

(三)篇章中的概念语义会随着篇章推进发生变化

一般来说,篇章中的概念语义是稳定不变的,但是有的篇章中一些概念会随着篇章语义的推进发生变化,变成另外一个概念。由于两个概念既相互独立,又存在强烈的关联,标注者会在标注时对这种情况有不同处理,造成不一致现象,如图 3-20 中的例文所示。

```
p4.s0    小蝌蚪游过去,叫着:"妈妈,妈妈!"
p4.s1    青蛙妈妈低头一看,笑着说:"好孩子,你们已经长成青蛙了,快跳上来吧!"
```

图 3-20　概念变化示例

p4.s0 句中的"小蝌蚪"虽然与 p4.s1 句中的"青蛙"词语本身概念有一定差别,但在本篇章中,指向的是同一个概念。

针对此类问题,修订后的规范规定:共指链标注以篇章为范围,在篇章范围内指向同一概念即可以标注为同一条共指链。

以此为指导,p4.s1 句中的"青蛙"标注为 p4.s0 句中的"小蝌蚪"的同义表述,属于同一条共指链,如图 3.21 所示。

```
p4.s0    x219_小 x220_蝌蚪 x221_游 x222_过去 x223_, x224_叫 x225_着 x226_:" x227_
         妈妈   x228_, x229_妈妈 x230_!"
            F1:(copy/x219_小 x220_蝌蚪
                zero/x224s_pro)
p4.s1    x231_青蛙 x232_妈妈 x233_低头 x234_一 x235_看 x236_, x237_笑 x238_着
         x239_说   x240_:" x241_好 x242_孩子 x243_, x244_你们 x245_已经 x246_长成
         x247_青蛙 x248_了   x249_, x250_快 x251_跳 x252_上来 x253_吧 x254_!"
            F1:(syn/x247_青蛙
                syn/x241_好 x242_孩子
                pro/x244_你们
                zero/x250s_pro)
```

图 3-21　概念变化标注示例

(四) 分词造成的错误传导

本书使用的语料来自 CAMR 小学语文语料,CAMR 的分词、分句等文本预处理工作由斯坦福中文句法分析器自动解析。由于是自动切分,因此在语料的词语切分中仍然存在一定比例的错误,同一篇章的一些短语在不同位置有的切分成更小的词,有的位置则切分为一个词。标注者在标注时选择的粒度不同,就会造成标注不一致现象的发生,如图 3-22 中的例文所示。

```
p5.s0    x318_中央人民政府 x319_秘书长 x320_林伯渠 x321_宣布 x322_典礼 x323_开
         始 x324_。
p5.s1    x325_中央 x326_人民政府 x327_主席 x328_、x329_副 x330_主席 x331_、x332_
         各位 x333_委员 x334_就位 x335_。
```

图 3-22　分词错误传导示例

可以看到,在 p5.s0 句中,"中央人民政府"被分为一个词,而在 p5.s1 句中则被分为了"中央"和"人民政府"两个词。由于该分词已经为 CAMR 所采用,为了语料对齐,CDAMR 对其分词结果不进行修改。

针对这类问题,修订后的规范规定:若概念以分的形式出现,则只需要标注短语中心词;分形式与合形式之间语义关系均标注为同形关系。

以此为指导,在标注时,p5.s1 句中"中央"和"人民政府"标注为一个表述,与 p5.s0 句中的"中央人民政府"标注为同形关系,如图 3-23 所示。

```
p5.s0   x318_中央人民政府 x319_秘书长 x320_林伯渠 x321_宣布 x322_典礼 x323_开
        始 x324_。
          M1:（copy/x318_中央人民政府）
p5.s1   x325_中央 x326_人民政府 x327_主席 x328_、x329_副 x330_主席 x331_、x332_
        各位 x333_委员 x334_就位 x335_。
          M1:（copy/x325_中央 x326_人民政府）
```

图 3-23 分词类问题标注示例

总的来说，在对两次标注的不一致进行统计和分析后，对标注规范进一步修订，并再次明确了概念语义关系的标注原则：

其一，以语义为出发点。所指相同的词语，即使词形不同也属于同一共指链；所指不同的词语，即使词形相同，也分属于不同指代链。

其二，以篇章为视角。在篇章范围内对概念进行考察和归类。同一篇章中所指相同的词语，即使内涵意义不同，也归为同一共指链；同一篇章中所指不同的词语，即使内涵意义相同，也归为不同共指链。

在标注—讨论—修订过程反复循环的情况下，标注人员的标注思想逐步统一，在此基础上 2020 年 12 月开展了大规模正式标注工作。经过 5 个月的标注，完成了小学语文语料共计 333 篇、8592 句的标注。之后再由笔者进行统一校对，并最终完成汉语篇章抽象语义语料库的构建工作。

综上，语料库的构建工作是一项庞大而复杂的工程，真实语料中千变万化的语言现象无法用一本规范完全涵盖。标注者因其个人背景、知识、能力的不同，对同一语言现象也可能有不同的认知。另外，考虑到标注成本、应用场景和目前的技术能力，标注分类并非越细越好。我们能够做到的是，通过反复地"标注—讨论—修订"过程，使标注规范在保证解释力和覆盖力的基础上尽可能细致和完善。

本章小结

本章主要介绍了 CDAMR 语料库的构建工作。CDAMR 语料库建设历时近一年，在标注规范指导下形成一致的标注策略，严格遵循标注流程，为 CDAMR 专门开发的标注平台大大提高语料库标注的效率，从而构建起高质量的 CDAMR 语料库。标注一致性分析证明，本语料库在标注上取得了较好的一致性效果。另外，通过对不一致标注的分析，总结出较为集中的问题和语言现象，针对问题提出解决方案并及时反馈，对标注规范的不完善之处及时修订，从而进一步提升标注质量、完善汉语篇章抽象语义表示体系。

第四章
CDAMR 语料库统计与分析

本章将对构建的 CDAMR 语料库进行系统的统计与分析,主要包括语料库基本数据的统计;对篇章中语义关系的分布进行统计,与复句语义关系进行对比;对篇章结构语义类型、显式篇章关系和隐式篇章关系的分布进行统计分析。在共指链方面,设计了共指链句跨度和段跨度两个指标来衡量一个概念在篇章中的出现范围,从而区分了全局概念和局部概念;对共指链上的语义关系及其在语类上的分布做了分析和讨论;统计分析了零形共指出现的位置及其与先行概念的距离;对子链分化现象做了分析,讨论主链以何种方式分化出子链。通过以上统计分析,对汉语篇章结构和共指链的特点和分布规律进行探索,以期为机器学习篇章语义提供数据支持和语料保障。

第一节 CDAMR 语料库基本数据统计

一、语料基本情况

CDAMR 语料库语料来自人教版小学语文 1~6 年级课文,共计 355 篇,8698 句。由于古诗和古文用古代汉语写成,其语言、结构等方面特征与现代汉语差异巨大,因此去除 23 篇古诗 4 篇古文共 106 句,除此之外将二年级下《寓言两则》以及五年级下《人物描写一组》拆分,最终本语料共计 333 篇 8592 句。

选取该语料的原因是,与其他语料库采用的语料相比,该语料作为小学语文教材,篇章用词及语法规范、严整,句子平均长度适中,篇章结构相对规范和典型,涉及语类较为广泛,记叙文、说明文、描写文、议论文均有体现,且主题丰富,能够涵盖大部分汉语篇章主题和结构类型,并较为客观地反映汉语篇章在结构、关系等方面的分布和整体面貌。语料的基本数据如表 4-1 所示。

表 4-1　小学语文语料基本信息

	篇章数量（篇）	句子数量（条）	词语数量（个）	句/篇章（条）	词/句（个）	词/篇章（个）
一、二年级	110	1465	22 311	13.31	15.23	202.53
三、四年级	122	3015	55 884	24.71	18.53	458.06
五、六年级	101	4112	76 656	40.71	18.64	758.97
总计	333	8592	154 851	25.80	18.02	465.02

可以看到,一、二年级篇章较短,句子也相对较短,符合低年级学生的学习规律。随着年级的上升,教材中篇章和句子的长度都逐步增加。五、六年级的文章平均长度有 758.97 个词,达到了正常篇章的长度。总的来说,小学语文教材中句子长度及篇章长度均较为适中,符合日常语言分布的情况。

二、语类分布

为讨论篇章在不同语类上的特点,本文进行了语类标注,各语类在低中高年级的分布柱状图如图 4-1 所示。

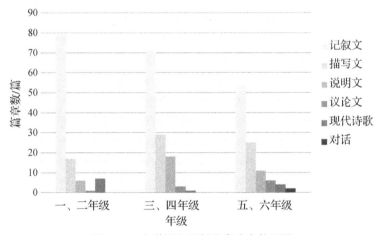

图 4-1　小学语文语料语类分布柱形图

可以看到,一、二年级的记叙文占比最大,有 79 篇;其次是描写文,共 17 篇;说明文和议论文数量都很少。因为记叙文是最容易理解的一种语类,这符合低年级学生的年龄特点和学习特点,而说明文和议论文则需要较为成熟的逻辑能力。到了三、四年级说明文开始增加,达到 18 篇,五、六年级时则有 11 篇;议论文在低年级非常少,三、四年级数量稍多点,五、六年级时数量开始增加;不过总的来说还是记叙文的占比最大。此外,语料中还有一定数量的现代诗歌,

一、二年级的现代诗歌以儿歌为主,而五、六年级时则开始介绍一些现代诗。现代诗歌虽然与普通篇章在结构安排、遣词造句上有一定区别,但仍基本符合现代汉语的各项特征,因此我们也将之纳入考察范围。

总的来说,小学语文教材在语类分布上较为广泛,现代汉语常见语类均有涉及,与其他篇章语料库语料相比,PDTB 语料全部来自新闻,而 OntoNotes 语料来自新闻、电话录音、微博等,因此 CDAMR 采用的小学语文语料在语类范围上更能反映汉语篇章全貌。表 4-2 为 CDAMR 与 PDTB 及 OntoNotes 的语类分布对比情况。

表 4-2 CDAMR 与 PDTB、OntoNotes 语类分布对比

语料库	CDAMR	PDTB	OntoNotes
语料来源	小学语文教材	新闻报道	报纸、新闻、微博、论坛、访谈、电话录音
语类分布	记叙文、描写文、说明文、议论文	新闻	新闻、对话、记叙文
文档数量(篇)	333	164	1563

三、标注基本数据

CDAMR 语料库对篇章的结构语义关系、篇章标记、共指链等方面的语义信息进行标注,具体数据如表 4-3 所示。

表 4-3 CDAMR 语料标注基本信息

	结构语义关系(个)	篇章层次(个)	篇章标记(个)	共指链(条)	表述(个)	零代词(个)
总数	6677	2215	738	2766	21359	4541
每篇平均数	20.05	6.65	2.22	8.31	64.14	13.64

可以看到,平均每个篇章标注了 20.05 个结构语义关系、含有 6.65 个篇章层次,平均每篇 8.31 条共指链,64.14 个表述,13.64 个零代词和 2.22 个篇章标记。这些数据均证明本语料库标注粒度比较细致,信息较为丰富。

第二节 篇章结构语义关系统计与分析

一、基本数据统计

CDAMR 语料库在结构语义关系标注上的具体数据如表 4-4 所示。

表 4-4　CDAMR 结构语义关系标注数据统计

	篇章总数（篇）	段落总数（个）	关系总数（个）	段落/篇章（个）	关系/篇章（个）	层次/篇章（个）
一、二年级	110	601	1078	5.46	9.80	4.81
三、四年级	122	1056	2277	8.66	18.66	6.89
五、六年级	101	1328	3322	13.15	32.89	8.38
总计	333	2985	6677	8.96	20.05	6.65

可以看到,从低年级到高年级随着文章篇幅的增长,篇章的段落数量、关系数量、层次数量都在增加。一二年级平均每篇只有 4.81 个篇章层次和 9.80 个篇章关系,可以说是较为简单的篇章结构。到了五六年级,平均每个篇章有 8.38 个篇章层次,32.89 个篇章关系,说明这一阶段的篇章不仅是长度增加,其结构的复杂度也大幅增加。这些数据都能够说明 CDAMR 语料对不同长度、不同结构的语料均有覆盖,覆盖性更广,更能反映汉语篇章的面貌。

二、结构语义关系统计与分析

（一）CDAMR 语料库结构语义关系基本分布

在篇章结构语义关系方面,CDAMR 语料库共标注了 6677 个语义关系,各类关系的分布比例如表 4-5 所示。

表 4-5　CDAMR 篇章结构语义关系分布

大类	小类	数量（个）	比例（％）
总分	详述	992	14.86
	总结	273	4.09
	评价	179	2.68
	延伸	209	3.13
	背景	509	7.62
小类合计		2162	32.38
扩展	并列	353	5.29
	扩展	1912	28.64
小类合计		2265	33.92
解说	补充	374	5.60
	应答	313	4.69
小类合计		687	10.29
时序	时序	552	8.27
小类合计		552	8.27

续表

大类	小类	数量(个)	比例(%)
因果	因果	590	8.84
	推论	37	0.55
	目的	11	0.16
小类合计		638	9.56
转折	对比	92	1.38
	转折	281	4.21
小类合计		373	5.59

其中语义关系大类分布如图4-2所示。

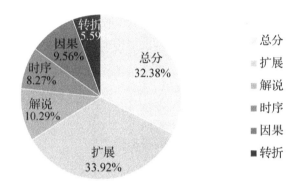

图4-2 篇章语义关系大类分布图

可以看到,在篇章关系方面,扩展类语义关系出现频率最高,占33.92%,这是由篇章特别是叙事类篇章不断基于已知信息增加新信息这一线性推进方式的特点造成的,尤其是汉语篇章,流水式推进不仅仅体现在句子中,这一信息推进方式在篇章中也表现得非常明显和突出。其次是总分类语义关系,这类语义关系主要参与篇章顶层结构的构建,同时,若篇章包含多个子事件,这类语义关系也参与子事件结构的构建,因此出现范围较广、占比较大,达到了32.38%。解说类包括补充和应答,在篇章中,常常用于对前文信息的补充或解说,这类语义关系一般出现在句子级以上的篇章语义单元中,是较为典型的篇章级结构语义关系,占比达10.29%。时序和因果关系占比都接近10%,这是因为在篇章中时序和因果都是较为常见的逻辑语义关系和篇章推进方式。篇章中的因果关系主要以原因结果或致使关系构成的因果关系为主,推论和目的关系较少。转折关系占比相对较少,这是因为转折关系前后语义紧密,一般出现在句子内部,而较少出现在句子以上的篇章语义单元之间。

(二) 篇章语义关系与复句语义关系分布比较

句子是篇章的基本单位。根据内部结构不同,句子又可以分为单句和复句。其中复句除了分句语义外还包含了分句间的逻辑语义关系[①],因此复句被认为是连接分句和篇章的桥梁,复句和篇章是同构的[②]。为探究复句与篇章在逻辑语义关系上的异同,本节对小学语文语料句子中复句语义关系进行了统计,与 CDAMR 语料库的篇章语义进行对比,如表 4-6 所示。

表 4-6 CDAMR 篇章语义关系与 CAMR 复句语义关系分布对比

CDAMR 篇章语义关系			CAMR 复句语义关系		
类别	数量(个)	比例(%)	类别	数量(个)	比例(%)
扩展	1912	28.64	扩展	3060	38.57
并列	353	5.29	递进	120	1.51
时序	552	8.27	时序	1875	23.63
因果	590	8.84	因果	982	12.38
目的	11	0.16	目的	129	1.63
转折	281	4.21	转折	641	8.08
推论	37	0.55	条件	924	11.65
对比	92	1.38	让步	76	0.96
补充	374	5.60	选择	113	1.42
应答	313	4.69	反向选择	14	0.18
详述	992	14.86			
总结	273	4.09			
评价	179	2.68			
延伸	209	3.13			
背景	509	7.62			

可以看到,与篇章相比,复句语义关系出现频率最高的分别是扩展、时序、因果、条件和转折,其中扩展和时序两种语义关系加在一起就占了超过 60%,说明汉语受到意合特点的影响,流水句现象非常普遍。此外,论元间语义关系非常紧密的让步、条件、选择、反向选择等关系都只出现在复句中,在篇章中没有体现;而转折关系和目的关系虽然在复句中和在篇章中均有出现,但更多是出现在复句中,在篇章中的比例较低,分别只有 4.21% 和 0.16%;因果关系在复

---

① 胡金柱,舒江波,胡泉,等:《复句关系词自动识别中规则的表示方法研究》,《计算机工程与应用》,2016 年第 1 期,第 127-132 页。

② 徐赳赳,J. Webster:《复句研究与修辞结构理论》,《外语教学与研究》,1999 年第 4 期,第 16-22 页。

句和篇章中都是较为重要的语义关系。

通过对比可以发现,复句语义关系和篇章语义关系虽然有很多相似之处,但仍然存在一些不同:

1. 与复句相比,篇章中除了信息推进所需要的逻辑语义关系外,还有相当一部分语义关系的功能在于参与篇章结构布局。

2. 篇章中的逻辑语义关系相比复句更加松散,论元间意义联系较为紧密的语义关系一般会自然聚集成句,而很少出现在句子层级以上的语义单元中。除此之外,这一特征还反映在篇章标记和复句关联词的使用上,下一小节将对此展开详细讨论。

三、显式关系与隐式关系

(一) 篇章中的显隐比例

篇章中对于两个篇章语义单元语义关系有提示作用的词语或者标记称为篇章标记,它对应于复句中的关联词。有篇章关系标记的语义关系称为显式篇章关系;没有篇章关系标记的语义关系称为隐式篇章关系。为了揭示篇章语义关系的显隐特征,本小节对 CAMR 小学语文语料中出现的复句同时进行统计,其与篇章的显式隐式关系分布及对比如图 4-3 所示。

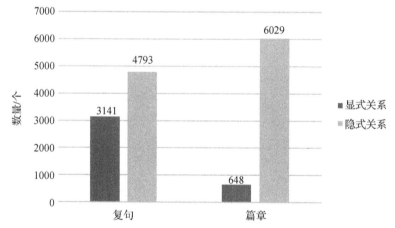

图 4-3 复句与篇章显式、隐式关系分布对比图

语料中共包含 7934 个复句关系,其中显式关系 3141 个,占比 39.59%;隐式关系 4793 个,占比 60.41%。而 6677 个篇章关系中显式关系 648 个,占比仅 9.70%,隐式关系 6029 个,占比高达 90.30%。可以看到,复句中的显式关系比

例远远高于篇章,这是因为复句中的语义关系更加紧密,条件、转折、选择、目的等逻辑语义关系仅靠句中词语本身无法体现,需要关联词标识其语义关系。而在篇章语义关系中,隐式关系占到了绝对比例,也就是说在篇章中,结构语义关系绝大多数是隐式、没有关联词连接的,如此之高的隐式关系比例正是造成篇章语义计算困难的主要原因之一。

(二) 显式关系标记

通过统计可以发现,在篇章中出现的显式标记标识的语义关系主要有时序、扩展、转折、因果等几类,其中时序关系占了 30.71%,扩展关系占了 24.07%,转折关系占了 20.98%,因果关系占了 11.27%,这四种关系合在一起占了接近 90%。而宏观结构类语义关系如详述、总结以及并列、对比等很少有连接词标识,特别是背景、评价,语料中没有出现显式标记来标识该类语义关系。而并列、对比类语义关系,主要依靠的是内容和结构的相似性来体现,因此也很少有显式标记语标识其语义关系。表 4-7 为显性篇章关系标记在 CDAMR 语料库中的分布情况以及相应的示例。

表 4-7 CDAMR 语料库中显性篇章关系标记分布

关系	数量(个)	占比(%)	示例
时序	199	30.71	然后 一语未了 这时 后来 转眼间 突然间 最后 接着 突然 紧接着 话音刚落 这时候 此刻 此后 自此 此时
扩展	156	24.07	也 还有 再说 除此之外 而且 另外 况且 再 更加 除了
转折	136	20.98	但是 可是 可 而 只是 不过 没想到 不料 不想 然而 谁知
因果	73	11.27	所以 因此 结果 由于 这样 原来
并列	7	1.08	首先 其次 同样
总结	18	2.78	一句话 就这样 可以说
详述	34	5.25	原来 有一回 只见 事情是这样的
补充	20	3.09	例如 譬如 你看 也就是说 实际上 不用说 其中
推论	3	0.46	那么 显然
对比	2	0.31	而

通过与 CAMR 复句显式标记语的对比,能够发现篇章关系标记语有这样两类:

1. 关联词,如"虽然""但是""因为""所以""于是"等,这些关联词同样也可以在复句语义关系中出现,是表示对应语义关系的典型关联词。但与复句关联词成对出现不同的是,篇章关系标记语中的这些关联词往往都是单独出现。

2. 短语或小句,如"紧接着""转眼间""一句话""就这样""事情是这样的""话音刚落"等等,这些短语介于词语和句子之间,已呈现出较为固定的使用模式,有提示后续篇章语义单元语义的作用,可以用于连接两个句子或更大的篇章语义单元。

(三)隐式关系的连贯方式

虽然显性关系在所有篇章关系中占比很低,但通过分析可以发现,实际篇章中除了结构和形式较为固定的篇章关系标记外,还有一些能够提示篇章语义单元间关系的方式:

1. 对于采用时序扩展方式的篇章,在子事件前通常用时间序列的排列来表示各子事件之间的关系,如图4-4中例文所示。

p10.s1	我在海里呆着,在第一个世纪里,我常常想:'谁要是在这个世纪里解救我,我一定报答他,使他终身享受荣华富贵。'
p10.s2	100年过去了,没有人来解救我。
p10.s3	第二个世纪开始的时候,我说:'谁要是在这个世纪里解救我,我一定报答他,把全世界的宝库都指点给他。'可是没有人来解救我。
p10.s4	第三个世纪开始的时候,我说:'谁要是在这个世纪里解救我,我一定报答他,满足他的三种愿望。'可是整整过了400年,始终没有人来解救我。
p10.s5	我非常生气,我说:'从今以后,谁要来解救我,我一定要杀死他,不过允许他选择怎样死。'渔夫,现在你解救了我,所以我叫你选择你的死法。

图4-4 时间序列类连贯示例

例文中的几个时间短语构成了前后衔接的序列,将不同时间的事件衔接起来。本书将之认为是一种实体性的时序关系标记。

有时这类时序关系不是通过名词短语展现,而是通过动词短语或小句来展现的,如图4-5中例文所示。

p4.s0	吃过午饭,奶奶要睡午觉,妈妈收了棉被铺到床上。
p5.s0	奶奶醒了,小峰把棉鞋放回床前。
p5.s1	奶奶起床了,把脚伸进棉鞋里,奇怪地问:"咦,棉鞋怎么这么暖和?"

图4-5 动作序列类连贯示例

该段篇章的时间序列是通过一些有前后顺序的表示动作的短语即"吃过午饭""奶奶醒了""奶奶起床了"构成,虽然并不是时间词,但实际上起到了以时间序列衔接其篇章的作用。

2. 一些承上文省略的小句在表达单元语义的同时,通过省略将上文与下文紧密地联系起来,从而表示上下文间紧凑的时间关系,如图4-6中例文所示。

p2.s0	他对三个学生说:"这个瓶子是一口井,不过现在井里没有水……"
p2.s3	说完,他又问:"记住了吗?"

图 4-6 省略小句类连贯示例

p2.s3 中的"说完"承接上句省略主语,使两个句子紧密衔接起来。

除了实体性时间短语外,篇章中还常使用一些动词性构式来承上启下。如使用"V 着 V 着""一＋V"用在句首,来将上下两个句子关联起来,同时也表示了两者之间紧凑的时间先后关系。本书将之认为是一种动作性的时序关系标记,如图 4-7 中例文所示。

p10.s0	孩子的妈妈叹了口气,说:"他爸爸常年病着,家里生活不富裕。
p10.s1	孩子心疼我,什么也不让我给他买……"
p11.s0	听着听着,售货员阿姨的眼圈红了,说:"多懂事的孩子呀!这样吧,我买辆小汽车,送给他作节日礼物。"
p5.s0	"魔鬼!"渔夫说道,"所罗门已经死了1800年了。
p5.s1	你是怎么钻到这个瓶子里的呢?"
p6.s0	一听所罗门早死了,魔鬼立刻凶恶地说:"渔夫啊,你准备死吧!"

图 4-7 构式类连贯示例

p11.s0 中"听着听着"通过承接上句省略宾语,将两句紧密衔接起来。p6.s0中"一听所罗门早死了"省略了主语"魔鬼",且"一＋V"表示该动作与前一个动作紧密相连,因此将两个句子紧密衔接在一起。

经统计,CDAMR 语料中用于衔接篇章关系的"一＋V"形式出现了 30 次,"V 着 V 着"出现了 14 次,可以说是较为常见的篇章衔接方式。

除此之外,一些篇章单元所包含的词语或短语本身并没有任何提示性关系标记,但几个篇章单元之间使用了较为相似的句法结构或内容,这类结构性特征也是一种篇章关系的提示和标记,如图 4-8 中例文所示。

p3.s0	小草从地下探出头来,那是春天的眉毛吧?
p4.s0	早开的野花一朵两朵,那是春天的眼睛吧?
p5.s0	树木吐出点点嫩芽,那是春天的音符吧?
p6.s0	解冻的小溪丁丁冬冬,那是春天的琴声吧?

图 4-8 句法类连贯示例

可以看到,四个句子中并没有提示相互之间关系的词或短语,但是通过四个句子都共同使用的"那是春天的……吧?"可以非常清晰地判断出它们之间是并列(list)关系。这类结构性特征对于篇章语义关系解析也是非常重要的信息。

由此可以看出,篇章中的时间表示非常灵活,标记性没有那么突出。这些非典型的篇章关系标记,对于揭示篇章结构语义关系有着非常重要的作用,在机器学习篇章深层语义时也是不可忽略的重要语义信息。

综上所述,篇章中的语义关系更加松散,关系标记的使用更加自由、多样;与复句相比,不论是语义关系的分布,还是篇章关系标记的使用,都有着较大的区别。

四、篇章顶层结构与底层结构语义关系统计与分析

CDAMR 语料涉及记叙文、描写文、说明文、议论文等各种语类,篇章结构不一。从篇章层次方面来说,CDAMR 语料中低年级的课文结构较为简单,篇章层次较少,但从中年级开始,篇章结构逐渐复杂,最深层次可达 13 层。平均来说,小学语文篇章每篇平均层次为 8 层。为了对层次复杂的篇章进行分析,本节对篇章的层次结构类型进行了整理与归纳,对所有篇章的纵向层次关系进行了统计,以期发现汉语在篇章顶层结构和底层结构安排上的一些特点。

本节对篇章的顶层结构层分别做了统计,其中第一层即顶层语义关系类别如图 4-9 所示。

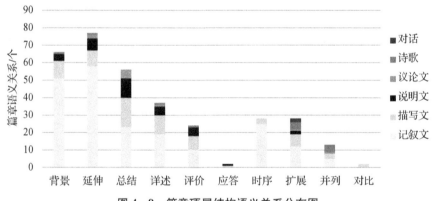

图 4-9 篇章顶层结构语义关系分布图

可以看到,能够出现在篇章顶层结构中的语义关系有背景、延伸、总结、详述、评价、应答、时序、扩展、并列和对比,而因果、推论、目的、补充和转折并没有出现在顶层结构语义关系之中。其中背景、延伸、总结、详述和评价均属于总分类语义关系,这一类别的语义关系共计 260 个,占 78%,是篇章中最为常见的结

构类型。除了这一大类之外,扩展、并列、时序、应答和对比所带关系论元之间均无明显从属关系,可以认为是广泛意义上的扩展类,因此通过这些篇章顶层语义关系可以总结出 CDAMR 篇章结构布局主要有两种类型。

一种是中心—论述型,这是篇章常见的一种结构类型,即篇章中一部分为中心内容,另一部分为对中心内容的论述。这个类型包括详述、延伸、总结、评价、背景、应答。背景的 arg1 虽然不是全文语义中心,但给予了篇章主要参与者、时间、地点等核心信息,因此可以认为是一种中心—论述型。应答结构有时在篇章顶层结构中使用,即 arg1 通过提出一个问题来点明文章核心内容,arg2 通过解答问题来展开文章,因此也可以认为是一种中心—论述型。中心—论述型结构不仅在记叙文里常见,在描写文、说明文、议论文中也是较常采用的一种结构方式。

另一种是扩展型,即篇章各部分没有主次之分,各部分间是延续或并列的关系,包括的语义关系类型有并列、扩展、时序和对比等。这类结构类型在描写文和诗歌中使用较多,在低年级篇章中也较常采用。

可以看到,背景、延伸、总结、详述、评价等几个类别合在一起构成的中心—论述型占到了 78%,扩展型占到了 22%,可以说是篇章最主要的两种宏观结构类型。为了得到中心—论述型结构的进一步结构形式,我们继续统计分析了其第二层+第三层语义结构。在得到结构类型小类以后,进行总结归纳,将中心—论述型又分为三种子类型:

其一,总分型,即中心在前,论述在后。篇章顶层根节点语义关系包括详述和背景。篇章结构为:篇章开头阐明中心内容,其后对其进行论述。

其二,分总型,即论述在前,中心在后。篇章顶层根节点语义关系类型包括总结、延伸和评价。篇章结构为:篇章开篇叙事,最后予以总结、给予评价。

其三,总分总型,即中心在前,论述在中,最后再次论述中心。这种类型篇章顶层根节点语义为总结、延伸或评价,第二层关系节点语义为详述或背景。两层共同构成了篇章的宏观结构。

根据以上分析,本节对 CDAMR 语料库中心—论述型篇章结构进行了进一步统计分析,总分型、分总型、总分总型以及扩展型在 CDAMR 语料库中的分布如图 4-10 所示。

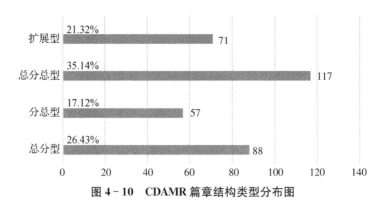

图 4-10　CDAMR 篇章结构类型分布图

可以看到,总分总型占比最多,达 35.14%,这与我们对汉语篇章的感知一致,汉语篇章常常会有一个"帽子"开头,或交代背景,或为中心论点,然后开始详细论述,最后或总结或评价或畅想来进行结尾,可见总分总型是汉语篇章常常采用的结构类型。

除此之外,本节对篇章微观层涉及的语义关系进行了统计与分析,微观层即两个句子之间的语义关系,分布如表 4-8 所示。

表 4-8　CDAMR 篇章微观结构语义关系分布

类别	数量(个)	比例(%)	类别	数量(个)	比例(%)
扩展	714	40.16	对比	36	2.02
详述	218	12.26	评价	30	1.69
因果	177	9.96	延伸	21	1.18
补充	167	9.39	背景	17	0.96
并列	144	8.10	总结	10	0.56
应答	92	5.17	推论	8	0.45
转折	79	4.44	目的	6	0.34
时序	59	3.32			

可以看到,因果、转折、补充等在篇章顶层中几乎不出现的语义关系,出现在了微观结构语义关系中,说明这些语义关系主要用于微观语义关系的建构,而较少参与整个篇章的语义结构建构。而扩展、时序、并列、详述等则既参与顶层结构的语义建构,也在微观语义建构中占了很大比例。通过图 4-9 与表 4-8 的比较可以看到,扩展在微观结构中的比例为 40.16%,远高于在顶层结构中的比例 8.41%,而与复句中扩展关系使用的比例大致相当,说明扩展是微观语义建构更加常用的一种方式。而转折关系在微观结构中的比例与篇章中整

体比例仍然接近,并低于复句中转折关系的比例,说明表转折关系的论元之间关系紧密,更加倾向于以句子的形式出现。

总的来说,篇章宏观层和微观层倾向于使用不同的方式对所辖单元语义进行组织和建构。在篇章的宏观层,影响结构安排的主要因素为意图的输出,即如何安排篇章次顶层的章节以更好地输出篇章意图;而在篇章的微观层,句子之间或句群之间的结构安排和语义组织则更接近于句子,以语义单元之间的逻辑语义关系为主导来进行。结构组织方式和语义关系分布在篇章宏观层和微观层呈现出了一定的不均衡分布。

第三节 篇章概念语义关系统计与分析

一、基本数据统计

篇章中的共指链所表示的语义以及表述间的概念语义关系对揭示篇章语义有着非常重要的作用。本节将对 CDAMR 语料库篇章中的概念语义关系进行统计与分析。

在 CDAMR 中,一条共指链代表一个篇章级概念,由表示概念意义的先行词和对概念进行共指的各种表述构成。CDAMR 语料库一共标注了 2766 条共指链、21 359 个表述,表 4-9 为语料库中共指链基本数据统计。

表 4-9 CDAMR 语料库共指链标注数据

篇章(篇)	共指链(条)	表述(个)	表述/共指链(个)	共指链/篇章(条)	子链(条)
333	2766	21 359	7.72	8.30	468

对于一条共指链来说,先行词是能够体现该共指链概念意义最重要的词语。除了先行词以外,每条共指链上还有很多不同形式的表述。正是这些出现在篇章不同位置、形式灵活的表述构成了概念在篇章中的共指,也串联起篇章的不同部分,使其构成连贯、流畅的整体。可以看到,平均每个篇章平均含有 8.30 条共指链,平均每条共指链上有 7.72 个表述概念,也就是说,平均每个概念会在篇章中以不同形式反复出现 7.72 次。CDAMR 中共标注了 10 种表述类型,分别代表与共指概念之间不同的关系。表 4-10 是对不同表述类型对概念进行共指的方式统计。

表 4-10　CDAMR 语料库共指链语义关系分布

表述	同形	代词	零形	同义	部分	成员	上义	属性	空间	比喻
数量(个)	8075	4576	4541	1926	603	597	430	244	191	169
比例(+同形)(%)	37.81	21.42	21.26	9.02	2.82	2.80	2.01	1.14	0.89	0.80
比例(-同形)(%)	——	34.45	34.24	14.50	4.54	4.49	3.24	1.84	1.43	1.28

可以看到,同形共指、代词共指和零形共指是使用较多的共指方式,其中同形共指是重复已出现的先行词来进行共指,在所有共指表述中占了 37.81%,可以说重复是篇章最常用和最重要的共指方式。由于在自然语言处理中词汇重复对于计算机来说不需要额外处理,因此对除同形外其他方式在所有共指中所占比例也进行了统计。可以看到,除去同形共指后,代词共指占了 34.45%,零形共指占了 34.24%,两者加在一起,在所有共指表述中占比接近 70%。自然语言处理中代词消解和零指代消解即是为解决这两类共指而衍生的任务,是自然语言处理的基础任务和亟须攻克的难关之一。除此之外,同义共指即使用相同语义不同词形的词语来对共指链概念进行共指,在非同形共指中占了 14.50%,自然语言处理中共指消解即是为解决这一类共指而衍生的任务,由于对同义共指进行消解需要的不仅仅是篇章信息,还需要世界知识共同完成,因此这类共指消解任务的难度更大。此外成员、比喻、空间、属性等共指方式虽然占比较少,但也是篇章共指不可或缺的方式,目前自然语言处理中并没有针对这些共指方式的消解任务,需要在将来的工作中探索解决。

二、共指链篇章跨度、区间密度计算与分析

在文本摘要、信息抽取等自然语言处理任务中,需要判断篇章中哪些概念是篇章全文或局部的主要话题。因此,本书引入共指链跨度(Coreference-chain Span,CCS)和共指链区间密度(Coreference-chain Local Density,CLD)两个概念来衡量某个共指链在篇章中分布的范围和出现频次,可以作为判断该共指链概念是否为篇章全文或局部话题的指标和参数之一。

共指链跨度指的是篇章中一条共指链的概念第一次出现的句子位置与最后一次出现的句子位置的差,它可以显示出这条共指链在篇章中的分布范围。共指链跨度越大,说明这条共指链所指示的概念在这个篇章中分布越广,也就越有可能是这个篇章中重要的话题。通过共指链跨度的计算,可以帮助我们对

篇章全局概念和局部概念进行提取。这一指标对于信息抽取、文本摘要、作文评分任务来说都有着一定的指示作用。本文用两个指标计算共指链篇章跨度，一是共指链句跨度(Coreference-chain Sentence Span, CSS)，即共指链首次出现的句子位置与最后一次出现的句子位置之差与篇章句子总量之比，计算公式为：

$$CSS_i = \frac{(s_i^k - s_i^1 + 1)}{|S|} \qquad (4-1)$$

其中$|S|$为篇章中所有句子的数量。s_i^1和s_i^k分别是共指链i出现的第一个句子和最后一个句子的位置索引。

二是共指链段落跨度(Coreference-chain Paragraph Span, CPS)，即共指链i的概念第一次出现的段落位置索引p_i^1与最后一次出现的段落位置索引p_i^m的差与篇章总段落数量$|P|$之比，用公式表示为：

$$CPS_i = \frac{(p_i^m - p_i^1 + 1)}{|P|} \qquad (4-2)$$

两者进行加权求和，作为共指链跨度CCS的值，计算公式为：

$$CCS_i = \alpha * CSS_i + \beta * CPS_i \qquad (4-3)$$

其中α和β分别为CSS和CPS的权重参数。一般来说，α和β可以取0.5。共指链篇章跨度值越大，说明这条共指链在篇章中的分布越宽，一般来说是篇章的主要参与者或谈论对象即话题。当共指链篇章跨度值接近于1，则倾向认为该共指链所指示的概念是该篇章的主要概念，如篇章参与者、主要话题等。而共指链篇章跨度值小则说明该概念在局部出现。

除此之外，为了考察一条共指链在其出现的篇章局部的频次，本书引入共指链区间密度(Coreference-chain Local Density, CLD)这一指标，即一条共指链i在某个区间中该共指链表述出现的次数与该区间总句子数量之比。区间密度的计算方法如公式4-4所示：

$$CLD_i = \frac{freq(chain_i)}{|s_i^k - s_i^l + 1|} \qquad (4-4)$$

其中$freq(chain_i)$是共指链i在文章中出现的频次，s_i^k和s_i^l为该区间的起始和终止位置索引。当$k=0, l=|S|$时，CLD计算的是共指链在整个篇章中的篇章密度；当k和l分别取某条共指链的起始位置和终止位置时，就可以得到该共指链在所在区间的区间密度。一条共指链在某个区间出现的频次越高，其区间密度越大，则其概念是该局部区间话题的可能性就越大。

这样，就获得了篇章共指链跨度和区间密度两个维度的指标，这些指标可以作为特征对共指链进行衡量,也可以作为参数用于机器学习。下面用一个例子加以说明。为节省篇幅,将指代链索引随文标注,省略表述与概念的语义关系类型,零代词以"zero_pro"表示,如图 4-11 所示。

段编号	句编号		
0	0	p0.s0	新疆吐鲁番有个地方叫 葡萄沟_[M1]。
	1	p0.s1	那里_[M1] 出产 水果_[M2]。
	2	p0.s2	五月有 杏子_[M2],七八月有 香梨_[M2]、蜜桃_[M2]、沙果_[M2],到九十月份,人们最喜爱的 葡萄_[M2][M2.1] 成熟了。
1	3	p1.s0	葡萄_[M2.1] 种在山坡的梯田上。
	4	p1.s1	茂密的 枝叶_[M2.1] 向四面展开,就像搭起了一个个绿色的凉棚。
	5	p1.s2	到了秋季,葡萄_[M2.1] 一大串一大串挂在绿叶底下,zero_pro_[M2.1] 有红的、白的、紫的、暗红的、淡绿的,五光十色,美丽极了。
2	6	p1.s3	要是这时候你到 葡萄沟_[M1] 去,热情好客的维吾尔族老乡,准会摘下最甜的 葡萄_[M2.1],让你吃个够 zero_pro_[M2.1]。
	7	p2.s0	收下来的 葡萄_[M2.1] 有的运到城市去,有的_[M2.1] 运到 阴房_[M3] 里制成 葡萄干_[M2.1][M2.1.1]。
	8	p2.s1	阴房_[M3] 修在山坡上,样子_[M3]很像碉堡,四周_[M3]留着许多小孔,里面_[M3]钉着许多木架子。
	9	p2.s2	成串的 葡萄_[M2.1] 挂在架子上,利用流动的热空气,把水分蒸发掉,就成了 葡萄干_[M2.1][M2.1.1]。
	10	p2.s3	这里_[M1] 生产的 葡萄干_[M2.1.1] 颜色鲜、味道甜,zero_pro_[M2.1.1] 非常有名。
3	11	p3.s0	葡萄沟_[M1] 真是个好地方。

图 4-11 共指链跨度与区间密度示例图

这篇文章包括三条共指链,分别为 M1"葡萄沟"、M2"水果"和 M3"阴房",其中 M2 链又包括子链 M2.1"葡萄"和 M2.1 的子链 M2.1.1"葡萄干"。以 M1 "葡萄沟"为例,该篇章共计 4 段 12 个句子,句子索引从 0 开始依次向下至 11,该链表述第一次出现的位置为 p0.s0,最后一次出现的位置为 p3.s0,该共指链所有表述形式在篇章中共计出现 5 次,因此该共指链句跨度 CSS 为(11-0+1)/12=1,段落跨度 CPS 为(3-0+1)/4=1,因此篇章跨度 CCS 为 0.5 * CSS +0.5 * CPS=1,区间密度 CLD 为 5/12=0.42。再以 M2.1 为例,如果不将所包含的子链 M2.1.1 计算在内的话(一子链),则首次出现位置为 p0.s2,段落索引为 0,句子全篇索引为 2,末次出现位置为 p2.s2,段落索引为 2,句子全篇索引为 9,全篇 M2.1 表述共出现 12 次,因此该共指链句跨度 CSS 为(9-2+1)/12=0.67,段落跨度 CPS 为(2-0+1)/4=0.75,篇章跨度 CCS 为 0.5 * CSS+

0.5*CPS=0.71,区间密度 CLD 为 12/(9−2+1)=1.5。该篇章各条链的篇章跨度和区间密度如表 4-11 所示。

表 4-11 篇章共指链跨度与区域密度示例

	M1	M2		M2.1		M2.1.1	M3
		(−子链)	(+子链)	(−子链)	(+子链)		
共指链篇章跨度	1.0	0.21	0.79	0.71	0.75	0.29	0.21
共指链区间密度	0.42	3.00	1.90	1.50	1.55	1.00	2.50

可以看到,篇章跨度最大的链"葡萄沟"为该篇章主要话题,也是该篇文章的论述主题;而 M2 链"水果"篇章跨度仅 0.21,并非篇章主要话题,它的作用只是为了引出其子链 M2.1"葡萄"。该子链篇章跨度为 0.71,区间密度为 1.50,篇章跨度较大,且密度大于 1,可见该篇章以较大篇幅对该概念作了论述。其衍生出的次子链 M2.1.1"葡萄干"篇章跨度和区间密度分别为 0.29 和 1.00,说明该次子链是一个局部话题。

由上面这个例子可以看出,共指链篇章跨度和区间密度两个指标可以作为篇章语义的重要特征,也可以用于文本摘要、自动作文评分等各项自然语言处理应用。

在对语料库每篇文章中所有共指链的 CCS 值进行统计后,得到每篇文章的最大跨度共指链,并对这些最大跨度共指链跨度值(max_CCS)的分布情况进行了统计,相关数据分布如表 4-12 所示。

表 4-12 CDAMR 篇章最大跨度共指链跨度分布

篇章数量	共指链最大跨度	平均最大跨度值	篇章最大跨度共指链数量			
(篇)	max_CCS=1 数量(篇)	average_max_CCS	=1	=2	=3	=4
333	217	0.97	260	67	5	1

可以看到,在 333 篇文章中有 217 篇文章的 max_CCS 值达到了 1,也就是说 65% 的文章包含的某个概念在篇章的第一句和最后一句均出现,形成首尾呼应。整个语料库所有篇章的 max_CCS 平均值也达到了 0.97,非常接近于 1,这说明篇章中首尾呼应现象普遍存在,绝大部分篇章在一开篇即开宗明义,推出篇章最重要信息,在结尾处再次点题,以保证篇章意图的有效输出。能够形成 max_CCS 的共指链语义类型有篇章参与者、篇章话题、篇章地点和篇章时间,其中大部分篇章只有一条 max_CCS 链,有 67 篇文章有两条 max_CCS 链,5 篇文章有 3 条,1 篇文章有 4 条。max_CCS 链的语义类型分布如表 4-13 所示。

表 4-13　篇章最大跨度链语义类型分布

	篇章参与者	篇章话题	篇章地点	篇章时间
数量(个)	239	151	18	5
比例(%)	57.87	36.56	4.35	1.21

可以看到,篇章中最大跨度链大部分由篇章参与者构成,其次是篇章话题,篇章地点和时间较少。形成篇章最大跨度链的概念是篇章最重要的语义组成部分,它们不仅是篇章叙述的主体内容,同时还承担着贯穿全篇、提纲挈领地将各部分连贯起来的作用。可以说,这些时隐时现的跨度概念链,由于其反复出现,因此当其在某个篇章局部不出现时,也会自动进入背景知识区域,当后文某个位置缺省需要补全时,这些备选概念就会被第一时间激活,从而完成对缺省部分的补全和对篇章语义的理解过程。

在篇章某个局部多次出现、共指链区间密度较大的概念,常常是该区间的局部话题。该区间语义通常为论述该话题,而篇章中表述一个中心语义的内容在结构中会被划分为一个篇章语义单元,因此共指链的区间密度也是结构划分的一个参照。以图 4-11 中的文章为例,图 4-12 分别是其结构和共指链。

可以看到,p0.s2 包含 p0.s1"水果"中的多个成员概念,是对 p0.s1 的补充,两个句子位于一个最小篇章语义单元中。而段落 p2 中区域密度较大的概念"阴房",则是利用 p2.s1 对 p2.s0 提出的该概念进行补充说明,两个句子同样位于一个最小篇章语义单元。可以说,篇章语义结构形成的内在动因就在于对一个中心语义的表述,而共指链是这一中心语义的外在形式之一。因此,共指链也可以作为篇章结构语义划分的特征之一。

对于没有标注的原始语料来说,也可以使用共指链篇章跨度和区间密度的变体形式来计算篇章中词语的篇章跨度和区域密度。词语篇章跨度(Word Discourse Span,WDS)也可以通过词语句跨度(Word Sentence Span,WSS)和词语段跨度(Word Paragraph Span,WPS)得到,其中 WSS 通过计算篇章中词语 w_i 第一次出现的句子位置索引 s_{wi}^1 和最后一次出现的句子位置索引 s_{wi}^k 的距离与篇章句子数量 $|S|$ 之比得到;WPS 通过计算篇章中词语第一次出现的段落位置索引 p_{wi}^1 和最后一次出现的段落位置索引 p_{wi}^m 之差与篇章段落数量 $|P|$ 之比得到;词语区间密度(Word Local Density,WLD)通过词语 w_i 在篇章中出现的频次与其在篇章中首次出现和末次出现的距离之比得到,计算公式分别如下所示:

$$\text{WSS}_i = \frac{(s_{wi}^k - s_{wi}^1 + 1)}{|S|} \qquad (4-5)$$

```
summary
    arg1:elaboration
        arg1:elaboration
            arg1:p0.s0  新疆吐鲁番有个地方叫 葡萄沟_[M1]。
            arg2:specification
                arg1:p0.s1  那里_[M1] 出产 水果_[M2]。
                arg2:p0.s2  五月有 杏子_[M2],七八月有 香梨_[M2]、蜜桃_[M2]、
                            沙果_[M2],到了九十月份,人们最喜爱的 葡萄_[M2]
                            [M2.1] 成熟了。
        arg2:expansion
            arg1:expansion
                arg1:p1.s0  葡萄_[M2.1] 种在山坡的梯田上。
                arg2:p1.s1  茂密的 枝叶_[M2.1] 向四面展开,就像搭起了一个个绿
                            色的凉棚。
            arg2:expansion
                arg1:p1.s2  到了秋季,葡萄_[M2.1] 一大串一大串地挂在绿叶底
                            下,zero_pro_[M2.1] 有红的、白的、紫的、暗红的、淡绿
                            的,五光十色,美丽极了。
                arg2:p1.s3  要是这时候你到 葡萄沟_[M1] 去,热情好客的维吾尔族
                            老乡,准会摘下最甜的 葡萄_[M2.1],让你吃个够 zero_
                            pro_[M2.1]。
            arg3:evaluation
                arg1:elaboration
                    arg1:specification
                        arg1:p2.s0  收下来的 葡萄_[M2.1] 有的运到城市去,有的
                                    运到阴房_[M3]里制成 葡萄干_[M2.1][M2.
                                    1.1]。
                        arg2:p2.s1  阴房_[M3] 修在山坡上,样子_[M3] 很像碉
                                    堡,四壁_[M3] 留着许多小孔,里面_[M3] 钉
                                    着许多木架子。
                    arg2:p2.s2  成串的 葡萄_[M2.1] 挂在架子上,利用流动的热空
                                气,把水分蒸发掉,就成了 葡萄干_[M2.1][M2.1.
                                1]。
                arg2:p2.s3  这里_[M1] 生产的 葡萄干_[M2.1.1] 颜色鲜、味道甜,
                            zero_pro_[M2.1.1]非常有名。
    arg2:p3.s0 葡萄沟_[M1] 真是个好地方。
```

图 4-12　篇章结构及共指链一致性示例

$$\mathrm{WPS}_i = \frac{(p_{wi}^m - p_{wi}^1 + 1)}{|P|} \qquad (4-6)$$

$$\mathrm{WDS}_i = \alpha * \mathrm{WSS}_i + \beta * \mathrm{WPS}_i \qquad (4-7)$$

$$\mathrm{WLD}_i = \frac{freq(w_i)}{|s_{wi}^k - s_{wi}^l + 1|} \qquad (4-8)$$

仍以图 4-11 中的文章为例,通过计算,可以得到篇章中主要概念的篇章跨度和区间密度,表 4-14 为篇章主要概念的共指链跨度、区间密度和词语篇章跨度、区间密度的对比。

表 4-14 共指链与词语篇章跨度与区间密度对比

		葡萄沟	水果	葡萄	葡萄干	阴房
共指链	篇章跨度	1.00	0.21(0.79)①	0.71(0.75)	0.29	0.21
	区间密度	0.42	3.00(1.90)	1.50(1.55)	1.00	2.50
词语	篇章跨度	1.00	0.16	0.71	0.29	0.21
	区间密度	0.25	1.0	0.75	0.75	1.00

可以看到,"葡萄沟"的词语篇章跨度仍然为 1,"葡萄"的篇章跨度仍为 0.71,说明这两个词语概念在篇章中分布的跨度较大,是篇章的重要概念。其计算结果与共指链计算结果相同,说明通过词语篇章跨度去获取篇章级概念同样可行。

但也要看到,在计算区间密度时,使用词语计算的方法会损失掉一些代词、零指代等共指信息,造成对于概念的密度计算与共指链方法相差较多。此外,使用共指链计算可以将概念包括的子链也纳入计算范围,从而使计算结果更加精确,更能反映一个概念在篇章中的分布情况,因此在有标注的情况下,计算共指链篇章跨度和区间密度是更好的选择。对于没有共指链标注的语料,要想计算概念的篇章跨度和区间密度时,可以选择词语跨度和区间密度来计算,也可以通过指代消解的方法先对篇章中的概念进行消解再进行计算。

三、零代词统计与分析

零形共指是篇章概念共指的一种重要方式。在自然语言处理中,通常把这种指代的零形式称作零代词,将为零代词找到其先行词的任务叫做零指代消解。零指代消解一直是自然语言处理的一项重要的基础任务,然而由于零代词句法位置灵活、使用和理解均受多种因素影响,零指代消解任务性能一直不够理想,远远达不到应用的实际需求。本节对 CDAMR 语料中的零指代现象进行统计,并分析零指代现象在篇章中的分布及其特征,以期为零指代消解等相关任务提供有效的语义信息。CDAMR 语料库中共标注 2766 条共指链,其中零形共指 4541 个,平均每条共指链有 1.64 个零形共指,可以说是汉语篇章非常常用

---

① 括号外为主链计算数值,括号内为包括子链在内的计算数值。

的一种共指方式。CDAMR 语料库中零代词的基本数据如表 4-15 所示。

表 4-15 CDAMR 语料库零代词基本数据

零代词总量(个)	指代链总量(条)	表述总量(个)	零代词/指代链(个零代词/表述(%)
4541	2766	21359	1.64　　21.26

(一) 零代词位置统计与分析

汉语中零代词的使用非常灵活,可以出现在句中多个位置。在零指代消解任务中,零代词的位置是非常重要的信息。一般来说,在篇章中零代词在句中的位置可以分成两种:一种是句首,即句子起始位置,如"Φ 听到这话,他有些不淡定了"。另一种是句中,即零代词处于句子中非起始位置,其中又可以分为两小类,一是分句首位置,如"他买了点儿苹果,Φ 又买了点香蕉";二是句子其他位置,如"父亲分了一只烧鸡,带回来给我们吃了 Φ"。需要说明的是,分句内部的连谓短语关系紧密,共享主语,且相应的 CAMR 资源已经对连谓、兼语等短语缺省论元做了标注,因此 CDAMR 对此类短语内部缺省论元不再做标注。各位置的零代词分布如表 4-16 所示。

表 4-16 CDAMR 语料库零代词位置分布

位置	句首	句中		总计
		分句首	分句中	
数量(个)	316	3430	795	4541
比例(%)	6.96	75.53	17.51	100

可以看到,在句中,75.53% 的零代词位于分句首,一般来说此位置的零代词为承接上句、替代所在分句的主语,是汉语篇章流水结构常用的指代方式;其次是分句中,零代词分句一般为承前省略的宾语,占 17.51%;最后是句首,占 6.96%。句首零代词比例较少,却是比较特殊的一种语言现象。通常来说零代词是承前省略,而句首零代词本身即位于句子最前面,无前可承,究竟它是承前一句还是承本句后面小句,是值得探讨的问题。下面我们将对零代词特别是句首零代词与概念的距离进行进一步统计与分析。

(二) 零代词与概念距离统计分析

在零指代消解任务中,需要在篇章范围内搜索零代词的先行词。由于每增加一句候选句,计算开销会呈指数级增长,因此现有研究多采用的方法是选取零代词前两句和所在句这三个句子中的词语作为零代词先行词的候选词。因此本小节对零代词所指向概念的位置进行统计,以验证当前候选词选取方法的适当性。

在概念共指链上,先行词本身、同形表述和同义表述三种可以充分地代表零代词语义。由于代词脱离上下文后语义无特指性,也是需要消解的项目之一,因此本小节分别统计概念包括代词(＋代词)①和不包括代词(－代词)②两种情况下零代词与概念的距离。表4-17为句中零代词及句首零代词与概念的距离分布表。

表4-17 句中与句首零代词与概念距离分布

	概念位置	当前句	－1句	＋1句	－2句	＋2句	±3句	±3句外	总计
句中零代词	－代词(个)	2565	678	102	236	62	140	442	4225
	比例(%)	60.71	16.05	2.41	5.59	1.47	3.31	10.46	100
	＋代词(个)	3456	407	73	128	28	48	85	4225
	比例(%)	81.80	9.63	1.73	3.03	0.66	1.14	2.01	100
句首零代词	－代词(个)	76	113	18	37	7	20	45	316
	比例(%)	24.05	35.75	5.70	11.71	2.22	6.33	14.24	100
	＋代词(个)	122	140	13	24	4	5	8	316
	比例(%)	38.61	44.30	4.11	7.59	1.27	1.58	2.53	100
合计	－代词(个)	2641	791	120	273	69	160	487	4541
	比例(%)	58.16	17.42	2.64	6.01	1.52	3.52	10.72	100
	＋代词(个)	3578	547	86	152	32	53	93	4541
	比例(%)	78.79	12.05	1.89	3.35	0.70	1.17	2.05	100

句首与句中零代词分布对比如图4-13和4-14所示。

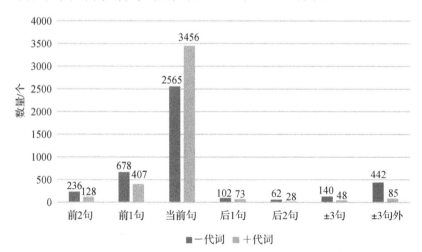

图4-13 句中零代词概念位置分布图

① 即概念为先行词、同形表述、同义表述和代词四种类别的统计。
② 即概念为先行词、同形表述和同义表述三种类别的统计。

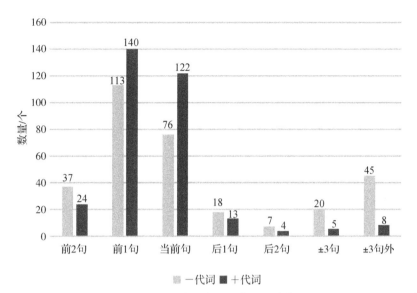

图 4-14 句首零代词概念位置分布图

可以看到,对于句中零代词来说,大部分零代词的所指概念还是在本句中出现,不算代词的话有约 60% 的概念在本句可以找到;算上代词,本句中可以找到所指概念的比例超过 80%。也就是说,句中零代词省略的信息绝大部分来自本句。篇章阅读者在理解省略信息时,只需要调用本地信息即可完成省略信息的补全。然而对于句首零代词来说,只有 24.05% 的概念出现在本句中,即使将概念扩大到代词,也只有 38.61%。而其先行概念出现在前一句的概率高于出现在本句的概率,概率分别达到 35.75%(-代词)和 44.30%(+代词)。这说明句首零代词的先行概念更倾向于出现在前一句而非本句。也就是说,句首零代词依然是承前省略,即承接前文出现的篇章信息,而非承后省略。

除了零代词所在句,零代词先行概念常出现位置为前一句和前二句。句中零代词在这三句出现的概率总和达到 82.35%(-代词)和 94.46%(+代词),而句首零代词在这三句出现的总概率分别为 71.51%(-代词)和 90.50%(+代词)。总的来说,这三句范围覆盖了绝大部分的零代词先行概念。但是不可忽视的是,仍有 5%~10% 的零代词的先行概念处于这三句之外。如果将仍需要消解的代词排除在外,这一比例上升到 20%~30%。这样,仅仅选取零代词当前句和前两句作为候选词范围就会损失掉很多信息。要想获得覆盖率更大的候选词范围,则需要扩大候选句的选取窗口。

本节对先行概念出现在两句前的零代词进行了分析,发现这类零代词主要出现在对话、诗歌、记叙文中,而记叙文中该类零代词的情况也主要发生在对话中,这说明对于对话类篇章,语言特征与记叙文、说明文等有比较大的不同,需要有不同的特征提取方法。

四、子链统计与分析

篇章中的概念共指链表示的概念常常是篇章某个部分的话题。当话题需要进一步说明时,往往以概念的某个成员、部分、属性等为话题继续阐述说明,就形成了该共指链的子链。CDAMR 语料库中共标注了 333 个篇章,2766 条共指链,其中子链有 468 条。表 4-18 是 CDAMR 语料库子链基本统计数据。

表 4-18　CDAMR 语料库子链标注基本数据

篇章(篇)	共指链(条)	子链(条)	子链/篇章(条)	子链/主链(条)
333	2766	468	1.41	0.17

同时本文对子链和主链的语义关系进行了考察。子链多是从某个方面对主链概念加以说明,经统计,语料中子链与主链的语义关系主要有部分、成员、属性、空间和比喻等几个类别。图 4-15 是不同语类中子链与主链语义关系分布情况。

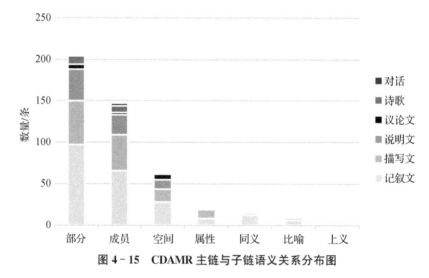

图 4-15　CDAMR 主链与子链语义关系分布图

可以看到,CDAMR 语料中,子链与主链最多的几种语义关系为部分、成员、空间。也就是说,篇章主概念分化出子概念的主要方式有这样几种:

1. 整体—部分,即主概念为一个整体概念,子概念为该整体概念的某个部分,如图 4-16 中的例句 1,子链"花朵"是"蔷薇"的组成部分,是后一句论述的中心。

2. 集合—个体,即主概念为一个集合或上义概念,子概念为主概念的一个成员或个体,如图 4-16 中例句 2 子链"英子"是"同学"中的一员,两者是集合与个体的关系。

3. 空间推进,主概念为某个包含多个子空间的大空间概念,子概念为该空间的部分空间,如图 4-16 例句 3 中子链"江面"为"钱塘江"的所属空间。

4. 种—属推进,子概念为主概念某一方面的属性、特征,如图 4-16 例句 4 中子链"颜色"是"绿叶"的一种属性。

```
1 _a.原来那儿有一丛野蔷薇。
  _b.带着露珠的花朵随风舞动,芬芳扑鼻。
2 _a.一天,老师让同学们轮流上台讲故事。
  _b.轮到英子的时候,全班四十多双眼睛一齐投向了那个角落,英子立刻把头低了下去。
3 _a.宽阔的钱塘江横陈在眼前。
  _b.江面很平静,越往东越宽大,雨后的阳光下,笼罩着一层蒙蒙的薄雾。
4 _a.那么多的绿叶,一簇堆在一簇上面,不留一点缝隙。
  _b.那翠绿的颜色,明亮地照耀着我们的眼睛。
```

图 4-16 主链—子链语义关系示例

孙坤[1]在讨论话题与其分话题关系时提出,话题与分话题语义上有整体部分或种属关系,话题与分话题之间的语义关系有助于控制各小句,对各小句有着更强的管辖能力。从这个角度来说,主概念分化子概念,主链分化子链,然后以子链为中心进行论述的过程即是篇章推进的过程。

第四节 CDAMR 图论元共享分析

论元共享指的是同一个概念可以同时充当不同谓词的论元角色。在 AMR 图中,论元共享表现为一个概念节点有两条以上的边接入。根据戴茹冰的统计,概念对齐的抽象语义表示 CA-CAMR 中形成图结构的主要原因即为论元共享[2]。在 CA-CAMR 中,句子形成图结构的占 61.3%,当句子中词语数量超过

---

[1] 孙坤:《汉语话题链范畴、结构与篇章功能》,《语言教学与研究》,2015 年第 5 期,第 72-82 页。
[2] 戴茹冰:《汉语抽象语义表示体系、资源构建及其应用研究》,南京:南京师范大学博士论文,2020 年。

51时,图结构比例达到100%。而在CDAMR中,由于共指链的标注,除了句内论元共享外,还对篇章范围内的论元共享进行了表示,这就使得CDAMR篇章语义表示图结构比例达到了100%。

此外,CAMR在对代词和零代词进行表示时,只有当句内出现先行词时才会标注,如果句内没有出现先行词,CAMR要么不标注,要么在其概念模板中选择一个上位概念。这样就造成CAMR对句子内论元共享表示也仍有缺漏。针对这一问题,CDAMR解决了句子内部代词、零代词和共指名词短语表示的论元共享。表4-19展示了CDAMR与CAMR[1]在图论元共享方面的异同。

表4-19 CDAMR与CAMR篇章论元共享标注内容与方式对比

		代词	零代词	共指名词短语		图结构
				同形	同义	
CAMR	句内有先行词	句内先行词	句内先行词	标注	不标注	61.3%
	句内无先行词	不标注	概念模板、不标注	不标注	不标注	
CDAMR		篇章共指链	篇章共指链			100%

具体来说,与CAMR相比,CDAMR的篇章论元共享可以解决句子级抽象语义表示存在的几个问题,下面将展开论述。

一、代词共享语义表示

在CAMR中,当代词的先行词出现在本句时,CAMR会对其共指关系进行表示;但是当句中没有出现代词先行词时,CAMR则将代词作为普通名词对待,不为其标注共指关系,这样就造成句子中的代词语义仍然不够明确。CDAMR则是在篇章范围内为代词标注先行词,解决了这一问题。我们以图4-17中两句话的CAMR表示和CDAMR表示为例进行说明。

可以看到,在CAMR中,第二句中的"她"在本句中没有先行词,因此只标注了其在句中的论元角色arg0,并没有标注其具体语义指向。而在CDAMR中,第二句中的"她"隶属于F1共指链,而该共指链先行词为"兔妈妈",这样就为该代词语义表示做了明确的指向标注,从而使第二句的语义更加明确。

在小学语料中共有代词6818个,其中一些篇章中直接以第一人称"我"叙事以及某些诗歌和对话中以第二人称"你"进行指称,此类代词不指向篇章内概

---

[1] CA-CAMR是CAMR在同一语料上的修正提升版本,为表述方便起见,以下统称为CAMR。

念,共计 1687 个。除去此部分代词外,语料中有指向代词 5131 个。表 4-20 为 CAMR 和 CDAMR 中代词指向标注的情况对比。

CAMR	CDAMR
x1_兔 x2_妈妈 x3_要 x4_出去 x5_找 x6_吃的 x7_。 arg0:（x3 /要-05 　　:arg0()　（x2 / 妈妈 　　　　:poss()　（x1 /兔)） 　　:arg1()　（x4 /出去-01 　　　　:arg0()　（x2 /妈妈) 　　　　:purpose()　（x5 /找-01 　　　　　　:arg0()　（x2 /妈妈) 　　　　　　:arg1()　（x6 /吃的)))) x1_她 x2_堆 x3_了 x4_一 x5_个 x6_漂亮 x7_的 x8_雪 x9_孩子 x10_, x11_让 x12_他 x13_和 x14_小 x15_白兔 x16_一起 x17_玩 x18_。 (x19 / temporal 　　:arg1()　（x2 /堆-02 　　　　:aspect()　（x3 /了) 　　　　:arg0()　（x1 / 她) 　　　　:arg1()　（x9 / 孩子 　　　　　　:consist-of()　（x8 /雪) 　　　　　　:arg0-of(x7/的)　（x6 / 漂亮-01) 　　　　　　:quant()　（x4 / 1) 　　　　　　:cunit()　（x5 /个))) 　　:arg2()　（x11 /让-02 　　　　:arg0()　（x1 / 她) 　　　　:arg1()　（x13 / and 　　　　　　:op1()　（x12 /他) 　　　　　　:op2()　（x15 /白兔 　　　　　　　　:arg0-of()　（x14 /小-01))) 　　　　:arg2()　（x17 /玩-01 　　　　　　:manner()　（x16 /一起) 　　　　　　:arg0()　（x13 / and) 　　　　　　:arg1()　（x9 /孩子))))	p1.s0　x19_兔 x20_妈妈 x21_要 x22_出去 x23_找 x24_吃的 x25_。 　　F1:(REF/x19_兔 x20_妈妈) p1.s1　x26_她 x27_堆 x28_了 x29_一 x30_个 x31_漂亮 x32_的 x33_雪 x34_孩子 x35_, x36_让 x37_他 x38_和 x39_小 x40_白兔 x41_一起 x42_玩 x43_。 　　F1:(pro/x26_她 zero/x36s_pro)

图 4-17　CDAMR 与 CAMR 代词共享标注对比

表 4-20 CAMR 与 CDAMR 代词指向标注数据对比

语料代词数量(个)	有指向数量(个)	CAMR 标注		CDAMR 标注	
		有指向数量(个)	有指向率(%)	有指向数量(个)	有指向率(%)
6818	5131	2458	47.90	4569	89.05

可以看到,CDAMR 的代词指向标注率达到了 89.05%,相比 CAMR 仅有 47.90%的指向标注率,CDAMR 语料库的代词语义共享表示标注方面有着较大的提升。

二、零代词共享语义表示

在 CAMR 中,如果零代词所在句中有先行词,CAMR 会直接将该先行词作为零代词的语义内容填充进该论元位置。有时,句子中没有出现先行词概念而是出现了代词,CAMR 则是将代词作为零代词的先行词进行标注。这样做虽然使句子句法和语义角色完整,但是零代词语义仍不明确,这是以句子为单位的语义表示方法的无奈折中之举。CDAMR 中则是将零代词纳入共指链,通过共指链可以找到其对应的准确的先行词,如图 4-18 所示。

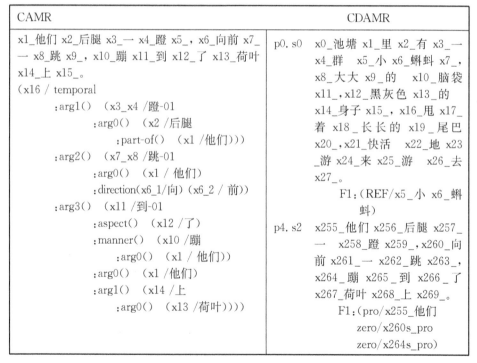

图 4-18 CAMR 与 CDAMR 零代词标注对比

可以看到，CAMR 中后两个分句"向前一跳"和"蹦到了荷叶上"虽然标注了 arg0，但对应的概念是"x1_他们"，仍然无法从句中得到该位置零代词具体语义指向。CDAMR 中标注了这两个位置的零代词属于 F1 共指链，F1 共指链的先行词为 p0.s0 中出现的"小蝌蚪"。

CAMR 标注了小学语文语料 5020 个零代词，但是只为 2356 个零代词标注了其具体概念指向，占比仅 46.93%；而 CDAMR 则为 4541 个零代词在篇章范围内标注了其概念指向。没有标注的部分主要是连谓短语、兼语等分句内共享主语的情况，这类情况不属于 CDAMR 标注范围。具体数据如表 4-21 所示。

表 4-21 CAMR 与 CDAMR 零代词指向标注数据对比

	零代词(个)	有指向数量(个)	有指向率(%)
CAMR	5020	2356	46.93
CDAMR	5020	4541	90.46

三、名词短语共指语义表示

CDAMR 的共指链还为篇章中表示同一概念的不同名词短语建立了语义关系，这一语义关系在 CAMR 中是没有体现的，如 4-19 图所示。

CAMR 中对"白鹅"和"这雪白的大鸟"分别进行了表示，并没有表示出两者之间在该篇章中是共指关系；而 CDAMR 中两个名词短语则同属于 M1 共指链，说明这两个名词短语指向同一概念，揭示了两者之间的共指关系。CDAMR 中为 1926 个名词短语建立了共指关系。

本章小结

本章我们对 CDAMR 语料库中的结构语义关系和概念语义关系进行了统计和分析。首先分析了篇章中的微观结构和顶层结构在语义关系分布上的特征，篇章结构的几种结构类型。其次对篇章中由共指形成的概念语义关系进行了统计与分析，通过计算共指链的篇章跨度和区间密度，探讨了共指链概念与篇章话题的关系；统计分析了篇章中零代词的分布位置及其与概念的距离，以及它在语类中的分布特点。最后总结了 CDAMR 图结构形成的原因，分析了 CDAMR 在论元共享表示上对 CAMR 的提升和进步。通过以上分析，论证基于篇章语义的 CDAMR 在语义表示方面的优势,尤其是在篇章级层面为同一概念的不同表述形式建立同一共指链,从而更加准确、有效、简洁地对篇章语义进行表示和描写,以期为后续的自然语言处理相关任务提供有效的语言学知识和信息,同时为进一步探讨篇章语义的构成提供数据支持和语料保障。

CAMR		CDAMR	
x1_这 x2_白鹅 x3_, x4_是 x5_一 x6_位 x7_即将 x8_远行 x9_的 x10_朋友 x11_送给 x12_我 x13_的 x14_。		p0.s0	x0_这 x1_白鹅 x2_, x3_是 x4_一 x5_位 x6_即将 x7_远行 x8_的 x9_朋友 x10_送给 x11_我 x12_的 x13_。
(x15 / thing			M1:(syn/x1_白鹅)
:domain(x4/是)　(x2 / 白鹅			F1:(REF/x11_我)
:mod()　(x1 / 这))			F2:(REF/x9_朋友)
:arg1-of(x13/的)　(x11 / 送给-01		p0.s1	x14_我 x15_抱 x16_着 x17_这 x18_雪白 x19_的 x20_" x21_大 x22_鸟 x23_" x24_回家 x25_, x26_放在 x27_院子 x28_里 x29_。
:arg0()　(x10 / 朋友			
:quant()　(x5 / 一)			
:cunit()　(x6 /位)			
:arg0-of(x9/的)　(x8 / 远行-01			
:tense()　(x7 / 即将)))			F1:(copy/x14_我)
:arg2()　(x12 / 我)))			M1:(syn/ x17_这 x18_雪白 x19_的 x20_" x21_大 x22_鸟")
x1_我 x2_抱 x3_着 x4_这 x5_雪白 x6_的 x7_" x8_大 x9_鸟 x10_" x11_回家 x12_, x13_放在 x14_院子 x15_里 x16_。			
(x17 / temporal			
:arg1()　(x11 /回家-01			
:manner()　(x2 / 抱-01			
:arg0()　(x1 / 我)			
:arg1()　(x9 / 鸟			
:arg0-of()　(x8 / 大-01)			
:arg0-of(x6/的)　(x5 / 雪白-01)			
:mod()　(x4 / 这)))			
:arg0()　(x1 /我))			
:arg2()　(x13 /放在-01			
:arg0()　(x1 /我)			
:arg1()　(x9 / 鸟)			
:arg2()　(x15 / 里			
:arg0()　(x14 /院子)))			

图 4-19　CAMR 与 CDAMR 共指标注对比

第五章
基于 CDAMR 语料库的零指代消解研究

CDAMR 语料库是融入了篇章语义知识的语义资源。本章将把 CDAMR 语料库应用于自然语言处理任务中,以验证其在语义表示方面的优越性,探索其应用价值。CDAMR 语料库作为数据集,可以应用于篇章关系识别、信息抽取、自动阅读理解等多项自然语言处理任务。本章以零指代消解任务为例,探索 CDAMR 语料库的实用性。指代消解一直是自然语言处理的一个难点,特别是在机器翻译、自动问答等应用领域,将指称不明确的概念消解为指称明确、意义具体的概念,对机器正确理解篇章语义、提高应用系统性能有着非常重要的作用。本文首先将篇章级语义信息融入模型编码,提高零指代消解任务性能,验证篇章语义知识对机器学习篇章语义的重要作用;其次,用 CDAMR 语料和 OntoNotes 语料进行对比实验,证明 CDAMR 语料库在篇章语义表示方面的优越性,以及在篇章语义计算研究中的价值。

第一节 相关研究

本节首先对什么是指代消解以及近年来指代消解的研究方法进行回顾,其次对本章指代消解实验将使用的相关技术进行介绍。

一、引言

指代消解是自然语言处理的一个基本任务,也是自然语言处理研究的难点之一。指代,又叫指称、回指,是篇章中用一个语言单元来代替另一个语言单元所代表的事物意义的方式。其中前一个语言单元称为先行语,后一个语言单元称为照应语,而确定两者之间语义关联的过程就称为指代消解。指代消解就是将表示同一实体的不同表述形式划分到同一个集合即指代链中的过程。根据指代对象的不同,指代消解可以分为实体指代消解和事件消解。实体指代消解又可分为显性代词消解、零指代消解和共指消解,各类型如图 5-1 中的例子所示。

1.	p1.s1	小姑娘哪儿也找不着水,累得倒在沙地上睡着了。
	p1.s2	当她醒来的时候,拿起罐子一看,罐子里竟装满了清澈新鲜的水。
2.	p4.s0	兔姑娘又从小路上走过,Φ1 皱起了眉头,Φ2 说:"呀,美丽的小路怎么不见了?"
3.	p0.s0	1984 年 2 月 16 日,是我最难忘的日子,我为邓小平爷爷做了电子计算机表演。
	p2.s3	邓爷爷高兴地点点头,紧紧地握住了我的手。

图 5-1 指代类型示例

例子 1 中,为 p1.s2 中的"她"找到其先行词"小姑娘"的过程即显性代词消解;例子 2 中为零代词 Φ1 和 Φ2 找到其先行词"兔姑娘"的过程即零指代消解;例子 3 中,为 p2.s3 中"邓爷爷"找到共指名词"邓小平"的过程即共指消解。无论是显性代词指代、零指代还是共指指代,都实现了篇章中句子与句子、篇章单元与篇章单元的内在语义衔接。因此准确无误的指代消解工作对于篇章理解以及下游机器阅读理解、信息抽取、多轮对话等自然语言处理任务都有着重要的作用。

在几种指代方式中,零指代是指句子中某些位置的代词可以不需要以显性代词的形式出现,而是以零形式[①]去指代的方式。这种以零形式完成指代的语法单位就叫做零代词[②]。从语言类型学上来说,汉语是一种代词脱落语言(Pro-drop language)或者空主语语言(Null-subject language)[③],因此汉语篇章中零指代现象大量存在。由于零指代不仅使句子缺省施事、受事等必要语义角色,而且在句法上缺少主语、宾语等句法成分,导致句法结构不完整,在篇章语义解析的第一步——句法解析阶段就造成了障碍;同时由于零代词没有实体,无法直接计算,与其他几种指代消解任务相比,零指代消解工作尤为艰难。因此本章以零指代消解为例,探索篇章深层语义的表示和学习对于指代消解任务的作用和价值。

目前对于指代消解的研究有基于规则的方法、基于统计机器学习的方法和基于神经网络的方法,其中基于神经网络的方法逐渐成为主流。在选取的特征

---

① 高名凯:《语法理论》,北京:商务印书馆,2011 年版,第 106 页。
② 李佐丰:《先秦汉语的零代词》,《中国语文》,2019 年第 3 期,第 259-277 页。
③ Y. Huang. Anaphora: A cross-linguistic study. New York: Oxford University Press, 2000.

方面,目前主流的方法大多为使用候选先行词的字、词、短语及句子的语义、词性、句法等特征,很少使用篇章级特征;然而先行词与照应语本质上是一种篇章语义关系,而非仅仅是词与词之间的词义关系,因此本章从篇章语义角度出发,基于本书提出的篇章概念语义表示关系体系和 CDAMR 语料库,开展指代消解的工作。

二、指代消解研究回顾

指代消解一直是自然语言处理的热点之一。指代消解的过程即为零代词找到其先行词的过程,因此指代消解首先要解决的问题是零代词的建模和先行词的编码问题。指代消解的研究方法主要有基于规则的方法、基于统计机器学习的方法和基于神经网络的方法,目前基于神经网络的方法已成为主流。

早期零指代识别和消解主要依靠人工制订一系列语言学规则,可以利用的语言学特征包括句法结构信息及性别、单复数等词汇信息等,用于选择先行词,并对文中潜在先行词进行语义约束。Converse[①] 在第三人称代词回指及零形回指研究中,利用句法结构信息、一致性、语义类别等信息构造规则、选择先行词,在零形回指消解上取得了 43.0% 的精确率。Yeh 等人[②]提出了利用中心理论和约束规则的方法提高规则使用的效率,其方法主要关注出现在主语和宾语位置上的零指代。基于规则的方法虽然精确率较高,但一方面需要选取有效特征,必须具备丰富的语言学知识,另一方面规则覆盖率不高,导致召回率不高,无法进一步提升性能。

统计学习方法兴起后,也很快被用于零指代消解任务。2003 年,Zhao 等人[③]第一次使用了基于统计机器学习的方法进行了中文零指代项的识别与消解,根据句法树信息,为零指代识别和零指代消解分别制订了 13 个和 26 个特征;最后使用了 J48 决策树模型进行了实验,在宾州中文树库 3.0 数据集上,零指代消解取得了 25.9% 的 F 值。随后统计机器学习方法开始在零指代消解任

---

① S. P. Converse. Pronominal anaphora resolution in Chinese. Philadelphia, PA: University of Pennsylvania, 2006.

② C. L. Yeh, Y C. Chen. Zero anaphora resolution in Chinese with shallow parsing. Journal of Chinese Language and Computing,2007,17(1): 41 - 56.

③ S. H. Zhao, H. T. Ng. Identification and resolution of Chinese zero pronouns: A machine learning approach. In Proceedings of the 2007 Joint Conference on Empirical Methods in Natural Language Processing and Computational Natural Language Learning. 2007: 541 - 550.

务中使用。Kong 和 Zhou[①] 提出了一个基于树核的支持向量机方法的统一的中文零指代消解完整框架，通过比较零指代项与先行词的上下文的卷积树核来比较两者所在句法树的相似性，从而完成消解任务，在中文宾州树库 6.0 数据集中选取的 100 篇文档上，取得了 45.06% 的 F 值。为了解决机器学习中对标注数据的依赖，Chen 等[②]提出了一个无监督的中文零指代消解模型，通过训练一个显性代词的消解系统来辅助零代词的消解，具有重要的参考意义。但这种方法会造成错误传递。2015 年针对错误传递的问题，他们又提出了一个零指代识别和消解的联合模型[③]，并且加入了篇章级信息来提升性能，F 值达到 50.2%。

随着神经网络技术的发展，一些学者开始将其应用于零指代消解任务。采用的模型有循环神经网络、长短时记忆网络、注意力机制等，常见神经网络模型均被用于零指代消解。在方法上，Chen 等人[④]选用候选词中心词作为候选词向量表示，零代词选用其前一个词及受其支配的动词向量拼接作为其表示，同时输入的还有特征向量，通过计算零代词向量表示和候选词向量表示之间的余弦相似度来对零代词进行消解。实验证明，基于神经网络的方法效果超越以往机器学习的方法。Yin 等人[⑤]将上下文信息融入零代词的语义表示，并且使用一个两层编码器对候选词的局部信息和全局信息进行编码，在 OntoNotes 5.0 上

[①] F. Kong, G. D. Zhou. A tree kernel-based unified framework for Chinese zero anaphora resolution. In Proceedings of Conference on Empirical Methods in Natural Language Processing. 2009: 882–891.

[②] C. Chen, V. Ng. Chinese zero pronoun resolution: An unsupervised approach combining ranking and integer linear programming. In Proceedings of the 21th AAAI Conference on Artificial Intelligence. 2014:1622–1628.

[③] C. Chen, V. Ng. Chinese zero pronoun resolution: A joint unsupervised discourse-aware model rivaling state-of-the-art resolvers. In Proceedings of the 53th Annual Meetings of the Association for Computational Linguistics and the 7th International Joint Conference on Natural Language Processing. 2015:320–326.

[④] C. Chen, V. Ng. Chinese zero pronoun resolution with deep neural networks. In Proceedings of the 54th Annual Meetings of the Association for Computational Linguistics. 2016:778–788.

[⑤] Q. Y. Yin, Y. Zhang, W. N. Zhang, et al. Chinese zero pronoun resolution with deep memory network. In Proceedings of the 2017 Conference on Empirical Methods in Natural Language Processing. 2017,1309–1318.

的实验取得了超越以往模型的效果。此外,Yin[1]针对指代消解时语义信息重要性不同的情况,又提出一种基于注意力机制的指代消解模型。同年,Yin[2]还尝试了使用序列化决策的方法,使用强化学习策略来进行指代消解。除此之外,Lin等人[3]针对指代消解语料中正负例极度不平衡的状况,设计了一种新的损失函数,并将候选词的上下文信息进行编码,提出了一个层次化注意力机制模型,在OntoNotes 5.0语料上取得了目前最好的性能,进一步提升了零指代消解的性能。

三、相关技术研究回顾

(一) 词向量模型

词语表示是自然语言处理的一项基础工作。在词向量技术之前,在词语表示时多使用one-hot表示方式,即当前词出现在词表中,则将向量中的该维度置为1,否则置为0。该表示方式存在两个问题:一是对于大型语料来说会造成维度灾难;二是词语间都是孤立的,这种表示难以描述词语之间的各种语义关系。2013年Mikolov等人基于Harris在1958年提出的分布式假说[4]提出了Word2vec模型,将高维、稀疏的向量映射成低维连续实数向量[5]。Word2vec包括两个训练模型:CBOW和Skip-Gram。其中CBOW模型是基于上下文预测当前词的最大概率;而Skip-Gram模型则是根据当前词去预测上下文的最大概率。Skip-Gram的模型图如图5-2所示。

---

[1] Q. Y. Yin, Y. Zhang, W. N. Zhang, et al. Zero pronoun resolution with attention-based neural network. In Proceedings of the 27th International Conference on Computational Linguistics, 2018, 13-23.

[2] Q. Y. Yin, Y. Zhang, W. N. Zhang, et al. Deep reinforcement learning for Chinese zero pronoun resolution. In Proceedings of the 56th Annual Meetings of the Association for Computational Linguistics, 2018: 569-578.

[3] P. Q. Lin, M. Yang. Hierarchical attention network with pairwise loss for Chinese zero pronoun resolution. In Proceedings of the 34th AAAI Conference on Artificial Intelligence, 2020: 8352-8359.

[4] Z. Harris. Distributional structure. Word, 1954, 10 (2/3): 146-162.

[5] T. Mikolov, I. Sutskever, K. Chen, et al. Distributed representations of words and phrases and their compositionality. In Proceedings of the 26th International Conference on Neural Information Processing Systems, 2013: 3111-3119.

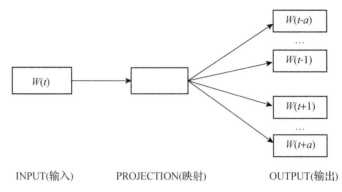

图 5-2　Word2vec 中的 Skip-Gram 模型

目标函数如下所示：

$$P_{skip\text{-}gram} = \frac{1}{T}\sum_{t=1}^{T}\sum_{-c \leqslant j \leqslant c, j \neq 0} \log p(w_{t+j} \mid w_t) \quad (5-1)$$

其中，T 为语料词汇量大小，w_t 表示当前词；c 是待预测的词向量窗口；$w_{t-c}, \cdots, w_{t-1}, w_{t+1}, \cdots, w_{t+c}$ 是当前词窗口之内的词。

（二）预训练语言模型 BERT

Word2vec 在推出后大受欢迎，被广泛应用于各种自然语言处理任务。然而 Word2vec 也存在一些问题，如：对于一个词语，Word2vec 只能得到一个词向量，而自然语言中很多词语都是多义的，Word2vec 训练出的词向量无法体现出词语的多义性以及在不同语境中的不同语义；而从本质上来说 Word2vec 模型还是一种词袋模型，无法体现出词语间的顺序意义；另外，Word2vec 训练出的词向量是固定的，无法实现词语在不同语境中的多义消歧。在此之后，为解决上述问题陆续出现了多种预训练语言模型，包括 ELMO（Embeddings from Language Models）[1]、GPT（Generative Pre-trained Transformer）[2]等。ELMO 通过双向学习，学习到句子中词语的向量，但它只是单向学习上下文信息，再将两个方向学习到的内容拼接起来，并非一个真正全景学习上下文信息的训练模

---

[1] M. Peters, M. Neumann, M. Iyyer, et al. Deep contextualized word representations. In Proceedings of the North American Chapter of the Association for Computational Linguistics: Human Language Technologies, 2018:2227-2237.

[2] A. Radford, K. Narasimhan, T. Salimans, et al. Improving language understanding by generative pre-training. Social Research Network, 2018.

型。GPT 则是在解码部分采用了 Transformer[①] 作为循环神经网络的替代结构，得到预训练模型后可以根据下游任务进行微调。

2018 年，Devlin 等人提出了 BERT（Bidirectional Encoder Representation from Transformers）模型[②]，有效地改变了这一状况，大大提高了词向量表示质量，横扫多项自然语言处理任务。BERT 使用了 Transformer 作为算法的主要框架，对文本进行双向编码表示。同时 BERT 改变了使用相同的目标函数的方法，使用了掩码语言模型（Masked Language Model）以及后续句子预测（Next Sentence Prediction）两个任务作为训练目标。从本质上来说，BERT 通过海量语料的训练，生成的是一个语言理解模型，当应用于后期任务时，根据任务对模型的网络参数进行微调即可。

本章实验主要使用 BERT 的 Transformer 编码层对文本进行表示。模型结构图如图 5-3 所示。其输入可以分为三个部分，分别是字向量（Token Embedding）、分割向量（Segment Embedding）和位置向量（Position Embedding）。其中字向量与位置向量的输入都是随机初始化的，而分割向量用于区分两个句子的边界，取值 0 和 1。输入如图 5-4 所示。

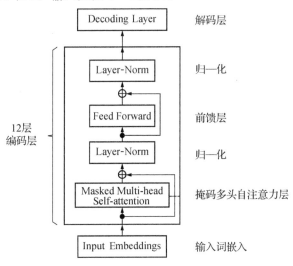

图 5-3　BERT 模型结构图

---

① A. Vaswani, N. Shazeer, N. Parmar, et al. Attention is all you need. In Proceedings of the 31st International Conference on Neural Information Processing Systems. Long Beach, USA. 2017:6000-6010.
② J. Devlin, M. Chang, K, Lee, et al. Bert: Pre-training of deep bidirectional transformers for language understanding. In Proceedings of the 2019 Conference of the North American Chapter of the Association for Computational Linguistics: Human Language Technologies. 2019:4171-4186.

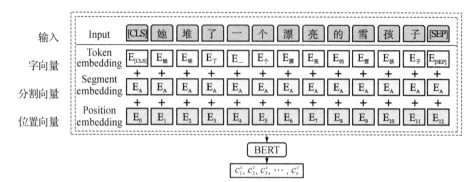

图 5-4　BERT 模型输入示意图

因此对于输入序列 $S=\{x_1, x_2, x_3, \cdots, x_n\}$ 来说,先在句首位置加入[CLS],句尾位置加入[SEP],以对句子进行分割,之后将文本的字向量、位置向量和分割向量相加后进行归一化(Layer-Norm)得到输入向量 X,一起作为模型输入。然后将输入向量经过 12 层相同的 Transformer,其中每一层都包含多头注意力机制(Multi-head Attention Mechanism)和前馈神经网络(Feed Forward Network)计算,最终把 Transformer 最后一层的输出 H 作为本文的文本表示,相关公式为:

$$X = LN(Emb(S) + Pos(S) + Seg(S)) \tag{5-2}$$

$$X'_m = LN(X_{m-1} + MultiHead(X_{m-1})) \tag{5-3}$$

$$X_m = LN(X'_m + FFN(X'_m)) \tag{5-4}$$

$$FFN(X'_m) = ReLU(X'_m \cdot W_1 + b_1) \cdot W_2 + b_2 \tag{5-5}$$

$$MultiHead(Q,K,V) = [head_1; head_2; \cdots head_n] \cdot W_o \tag{5-6}$$

$$head_i = Attention(X_{m-1}W_i^Q, X_{m-1}W_i^K, X_{m-1}W_i^V) \tag{5-7}$$

$$Attention(Q,K,V) = softmax\left(\frac{QK^T}{\sqrt{d_k}}\right)V \tag{5-8}$$

其中 LN 指的是层归一化(Layer-Norm),X_m 为 Tranformer 第 m 层的输出,由第 $m-1$ 层通过多头注意力机制、前馈神经网络后进行归一化后得到。最终生成一个 $\{|V|, 768\}$ 的向量矩阵,其中 $|V|$ 为本地语料字汇大小,768 为向量维度。

最终,使用 BERT 对文本进行表示得到的输出可以表示为:

$$H = BERT(S) \tag{5-9}$$

此外,由于 BERT 输入时以句子为单位进行,每个句子中[CLS]经过训练

后可以认为是携带了整个句子的信息,因此可以将其取出作为句子向量。可以表示为:

$$H_{sent} = BERT\_sent(S) \quad (5-10)$$

(三) 前馈神经网络与循环神经网络

神经网络是模拟人类大脑神经元细胞彼此相连构成网络进行传递信息、做出决策和各种运算的形式来进行信息处理的一种非线性、自适应的信息处理系统。它起源于 1957 年 Rosenblatt 提出的单层感知机(Perceptron)①,可以看出最简单的前馈神经网络,其工作原理如图 5-5 所示:

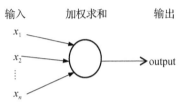

图 5-5 单层感知机工作原理图

其中 x_1 至 x_n 为输入,output 为输出,中间的原型可以看作是一个神经元,给予每个输入一个权重(Weight),通过加权求和得到 output 输出,公式可以表示为:

$$output = \sum_{j} w_j x_j \quad (5-11)$$

对于得到的输出 output,设置一个阈值(Threshold),当大于这个阈值时,就输出 1,反之则输出 0,计算公式为:

$$OUTPUT = \begin{cases} 0 & if\ output \leqslant threshold \\ 1 & if\ output > threshold \end{cases} \quad (5-12)$$

这就是最初的激活函数,0 表示抑制,1 表示激活。一个单层感知机可以看作是一个神经元,处理一个信息。在此基础上,发展出了多层感知机,由多个节点层组成,每一层之间全连接,因此每个非输入节点都可以看作是一个带有激活函数的神经元,这样成千上万个神经元可以同时运算。1986 年 Rumelhart 等

---

① F. Rosenblatt. Perceptron simulation experiments. Proceedings of the IRE,1960,48(3):301-309.

提出了误差反向传播算法(Error Back Propagation)①,使得多层前馈神经网络成为可能,神经网络技术开始发展起来。

前馈神经网络是一个单向、多层的网络结构,其中第0层为输入层,最后一层为输出层,中间为隐藏层,隐藏层的层数作为参数可以调节。每一层都包含若干个神经元,其接收前一层神经元的信号,经过加权平均和激活函数后产生输出并作为输入送到下一层。一个简单的前馈神经网络模型图如图5-6所示。

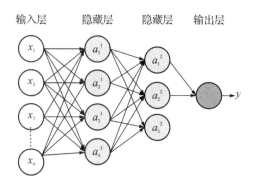

图5-6 前馈神经网络模型图

那么第l层第j个神经元的输入可以用公式表示为:

$$z_j^l = \sum_k w_{jk}^l a_k^{l-1} + b_j^l \qquad (5-13)$$

其中w_{jk}^l为第$l-1$层第k个神经元与第l层第j个神经元之间的权重参数,a_k^{l-1}为第$l-1$层第k个神经元的输出,b_j^l为第l层第j个神经元的偏置。之后将得到的z_j^l送入一个激活函数f,就得到了该神经元的输出,计算公式为:

$$a_j^l = f(z_j^l) \qquad (5-14)$$

前馈神经网络虽然在二十世纪八九十年代就被提出,但直到二十一世纪硬件技术的不断发展使海量计算成为可能,神经网络技术才开始迅速发展起来。随着技术的发展,众多不同的神经网络模型被提出并应用于各项任务,如卷积神经网络(Convolutional Neural Network,CNN),它通过池化和卷积操作,可以提取局部特征,因此被广泛应用于图像识别等任务。然而对于自然语言处理来说,文本的组成部分——词语的排列并非随机而是有序的,词语与上下文之

---

① D. E. Rumelhart, G. E. Hinton, R. J. Williams. Learning representations by back-propagating errors. Nature,1986,323(6088),533-536.

间也并非独立而是相关的。特别是当文本句子长度较长时,CNN 很难学习到长距离上下文信息。针对这一问题,循环神经网络(Recurrent Neural Network,RNN)将上一时间步学习到的信息传入下一时间步,通过递归自身计算实现循环,从而使每一时间步都携带前文信息,以实现对长距离信息的捕捉,其模型结构如图 5-7 所示。

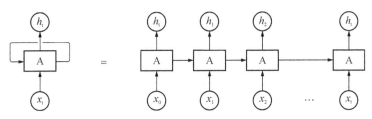

图 5-7 RNN 模型结构

其中 x 为输入,t 为当前时刻。每个时刻 t 的输入都由当前时刻输入和前一时刻的输出共同组成,计算公式为:

$$h_t = Ux_t + Ws_{t-1} \tag{5-15}$$

$$s_t = f(h_t) \tag{5-16}$$

$$o_t = g(Vs_t) \tag{5-17}$$

其中 f 和 g 均为激活函数,f 函数常用 sigmoid、relu、tanh 函数,g 常用 softmax 函数,s_{t-1} 为前一时刻的输出。U、V、W 分别输入 x_t、s_{t-1} 和 s_t 的权重矩阵,为所有时刻共享。

(四) 注意力机制

注意力机制(Attention Mechanism)最早应用于视觉图像领域,2014 年 Google Mind 团队在 RNN 模型中加入了 attention 机制进行图像分类,其后 attention 机制逐渐成为研究热点。在语言中,句子中的各个词语的地位并非完全相等,人们在理解语义时也常常聚焦于更加重要的词语或者短语。2015 年 Bahdanau 的论文 *Neural machine translation by jointly learning to align and translate*[①] 首次将 attention 机制应用于自然语言处理,验证了 attention 机制对于语言信息提取的作用。自此,attention 机制开始广泛应用于自然语言处理各个领域。

---

① D. Bahdanau, K. Cho, Y. Bengio. Neural machine translation by jointly learning to align and translate. In Proceedings of International Conference on Learning Representation, 2015.

注意力机制的本质可以概括为自动加权,即通过对两个不同模块的计算,得到每一个输入的权重,较为重要的输入向量就会获得较高的权重,而不重要的输入向量的权重则较低,再将得到的权重放入模型,从而实现关键信息的提取。注意力机制可以表示为由 Query、Key 和 Value 构成,通过计算 Query 和 Key 之间的相似度,得到 Value 的权重。常用于计算相似度的方法有点乘、双线性感知机等几种,公式如下所示。

$$f(Q,K_i)=Q^T K_i \qquad (5-18)$$

$$f(Q,K_i)=Q^T W_a K_i \qquad (5-19)$$

$$f(Q,K_i)=W_a[Q^T;K_i] \qquad (5-20)$$

$$f(Q,K_i)=v_a^T tanh(W_a Q+U_a K_i) \qquad (5-21)$$

在得到 Query 和 Key 之间的相似度之后,就可以通过 softmax 进行归一化,得到注意力权重矩阵。然后将矩阵与 value 加权求和,就可以得到最终的向量表示c_i。公式如下所示:

$$a_i=\text{softmax}(f(Q,K_i)) \qquad (5-22)$$

$$c_i=\sum_{i=1}^n a_i value_i \qquad (5-23)$$

凭借优秀的结构和可解释性,attention 机制成为近些年的研究热点,也衍生出多个变体,如自注意力机制(Self-Attention)[1]、层次化注意力机制[2](Hierarchical-Attention)、多头注意力机制(MultiHead-Attention)[3]等。

第二节　基于 CDAMR 语料库的汉语篇章零指代消解模型

CDAMR 语料库是融入了篇章语义知识的语义资源。本节将 CDAMR 语料库作为数据集,应用于零指代消解任务,验证篇章语义知识对机器学习篇

---

[1] A. Vaswani, N. Shazeer, N. Parmar, et al. Attention is all you need. In Proceedings of the 31st International Conference on Neural Information Processing Systems. Long Beach, USA. 2017:6000-6010.

[2] C. Xing, Y. Wu, W. Wu, et al. Hierarchical Recurrent Attention Network for Response Generation. In Proceedings of the Thirty-Second AAAI Conference on Artificial Intelligence. 2018:6000-6010.

[3] H. Zheng, J. Fu, T. Mei, et al. Learning multi-attention convolutional neural network for fine-grained image recognition. In 2017 IEEE International Conference on Computer Vision. Venice, Italy, 2017:5219-5227.

语义的重要作用,以及 CDAMR 语料库作为一个语义资源对于自然语言处理研究的应用价值。

由于篇章中零代词的出现一定是基于篇章上下文,而非仅仅是句子级语言现象,因此篇章语义信息对于零代词的理解有着非常重要的作用,然而现有研究未能充分利用篇章语义信息,据此本节把篇章语义信息编码后融入零代词和候选词语义表示,构建一个感知篇章语义信息的多向注意力零指代消解模型(Text-aware Multi-attention Model),进行零指代消解任务。

一、数据集介绍

本节使用本书构建的 CDAMR 语料作为实验数据。CDAMR 语料中共有 333 个篇章,包含 4541 个零代词。语料的语类分布等其他信息前文已做介绍,不再赘述。由于数据集没有划分训练集和测试集,本章按照 8∶2 的比例,从每个年级随机抽取测试集,最终测试集和训练集的数据如表 5-1 所示。

表 5-1 CDAMR 数据集基本数据表

	训练集	测试集	总计
篇章数量(篇)	264	69	333
零代词数量(个)	3732	809	4541

二、篇章语义信息

在自然语言处理中,零指代消解可以看成是这样一个任务,即对于某个位置上的零代词,为其在篇章范围内寻找其先行词的过程。因此一般来说,零代词消解模型中的输入为零代词语义表示和候选先行词语义表示,两者形成一个(零代词,候选先行词)对,通过一个判别模型来判断该候选先行词是否为该零代词的先行词。其基本流程如图 5-8 所示。

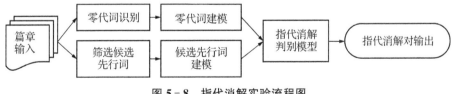

图 5-8 指代消解实验流程图

以图 5-1 中的例句 2"兔姑娘又从小路上走过,Φ1 皱起了眉头,Φ2 说:

'呀,美丽的小路怎么不见了'"中的零代词 Φ1 为例,首先要为该零代词寻找候选先行词,以筛选本句所有最大名词短语为候选词筛选方式,则可以形成(Φ1,兔姑娘)(Φ1,小路)(Φ1,眉头)(Φ1,美丽的小路)四个(零代词,候选先行词)对。之后,对零代词和候选先行词分别进行语义表示,最后将所有(零代词,候选先行词)对送入判别模型判断该对中的候选先行词是否为该零代词的先行词。因此,作为模型的输入,零代词和候选先行词的语义表示至关重要。本节将分别从零代词和候选先行词的语义表示两方面融入篇章信息,提升其语义表示的质量。

(一) 基于篇章语义的零代词语义表示的改进

由于零代词没有实体形式,不能够像普通词语一样通过词向量训练得到,因此必须要利用其他信息来对零代词的语义进行表示。现有研究中对零代词的表示有几种方法:(1) 使用在同一句法结构中的动词的词向量作为零代词的语义表示[①];(2) 用零代词所在句上下文中 $\{-n,+n\}$ 窗口中的词语表示作为零代词的语义表示[②];(3) 用零代词上下文加上零代词所在句子的句法树信息作为零代词的向量表示[③]。但是仔细分析不难发现,这些方法本质上仅仅使用了零代词所在句中离零代词最近的上下文信息(窗口大小通常为 5-10),这种方式在零代词语义表示时存在一定问题。虽然词向量模型是通过上下文来对词语意义进行表示的,但这是建立在词语具有大量的上下文的基础上的。很多实验也证明,训练语料规模越大、一个词语的上下文越多,训练出的词向量对词语语义的表示越好。而这种方法仅仅使用零代词所在句中出现的上下文窗口中的词语,其语义表示的质量无法代表其语义。特别是篇章中还存在着一定数量出现在句首或句尾的零代词,用这种语义表示方式得到的零代词语义信息就更少。

篇章中的零代词,并非只是一个孤立的句子级现象,而是实现篇章衔接的一种方式和语义连贯的重要一环,虽然本身没有实体形式,但其所表示的概念

[①] C. Chen, V. Ng. Chinese zero pronoun resolution with deep neural networks. In Proceedings of the 54th Annual Meetings of the Association for Computational Linguistics. 2016:778-788.

[②] Q. Y. Yin, Y. Zhang, W. N. Zhang, et al. Zero pronoun resolution with attention-based neural network. In Proceedings of the 27th International Conference on Computational Linguistics. 2018,13-23.

[③] L. Wang, W Qu, T Wei, et al. Chinese zero pronoun resolution based on biaffine attention mechanism. International Conference on Behavioral, Economic and Socio-Cultural Computing, 2020:1101-1107.

在篇章中肯定会以不同形式多次出现。由于只有零代词的先行词为篇章整体或局部话题时才会使用零形共指对其进行指代,因此篇章中话题语义信息可以作为零代词语义信息的补充。以图5-9中的篇章为例:

p0.s0	妈妈告诉我,沿着弯弯的小路,就能走出大山。
p0.s1	遥远的北京城,有一座天安门,广场上升旗仪式非常壮观。
p0.s2	我对妈妈说,我多想去看看 zero_pro_1,我多想去看看 zero_pro_2。①

图 5-9 例文 text_id=1.1.11

以 p0.s2 句中零代词"zero_pro_2"为例,即使将窗口设为全句,那么得到的上下文也只有"我对妈妈说,我多想去看看,我多想去看看",对于这个零代词的消解来说,只能够提供其出现环境,并没有能够提供有效语义信息。由于篇章中各语段的话题多出现在主语位置,因此本章将主语位置词语建模为篇章话题信息,融入零代词语义表示。以上文为例,如果通过遍历 CAMR 图选取篇章中所有能够出现在主语位置的词语,就可以得到{妈妈,我,北京城,升旗仪式}这样一个集合。可以看到,篇章和各句的主要话题都在这一集合中有所体现,因此将这一集合的信息融入零代词语义表示,就可以使零代词语义表示中既包含上下文信息,又包含篇章话题信息,语义表示得到有效的补充。

(二) 基于篇章语义的候选先行词语义表示的改进

现有研究中对候选先行词的表示方法有这样几种:(1)使用先行词中心词表示。(2)使用先行词短语加权和表示②。这种方法的好处在于对于一个较长的短语,可以通过计算捕捉到对最后判别更为有效的信息和词语;但这一方法仍然只关注短语本身,而对其在篇章中的意义没有表示和捕捉。(3)使用先行词短语及其上下文表示③。这一方法是在使用候选先行词短语向量的基础上,将候选词所在句中候选词前后$\{-n, +n\}$窗口内的词语也进行学习和向量表示,作为候选先行词短语的语义补充;但是仍然存在同样的问题,虽然把语义表示扩大到句中上下文,但仍然局限在句子以内,没有使用到篇章信息。

词向量是通过大规模语料的训练得到的,因此携带了一个词语在训练语料

---

① 此处略去词语索引信息,因此零代词位置以 zero_pro_i 代替。
② 王立凯:《中文零指代消解方法研究与实现》,南京:南京师范大学硕士论文,2020年。
③ P. Lin, M. Yang, Hierarchical attention network with pairwise loss for chinese zero pronoun resolution. In Proceedings of the 34th AAAI Conference on Artificial Intelligence,2020:8352-8359.

中的搭配和同现等信息①。对于一些有多种词性多个义项的词语来说,也仅仅使用一组固定的词向量来表示,这样就造成无法很好地体现词语在具体语境中的意义②。2018年推出的BERT针对这一问题,通过大规模预训练,在调用时通过局部微调得到词语更具体的语义。然而即便如此,BERT微调也要通过本地语料的大规模训练。另外,除了本身的概念意义之外,词语还有语境赋予的意义。在篇章中,一个词语在该篇章中的使用可以赋予这个词语对于这个篇章来说更加具体的意义。这个意义可以称为词语的篇章意义。对词语的篇章意义进行表示,并融入词语的向量表示,能够对词语的意义表示起到很好的补充作用。词语的篇章意义可以由词语的篇章上下文以及词语在篇章中重复出现的语境得到。以图5-10中的篇章为例:

p0.s0　池塘里有一群小蝌蚪,大大的脑袋,黑灰色的身子,甩着长长的尾巴,快活地来游去。
p1.s0　小蝌蚪游哇游,过了几天,zero_pro 长出两条后腿。
p1.s1　他们看见鲤鱼妈妈在教小鲤鱼捕食,就迎上去,问:"鲤鱼阿姨,我们的妈妈在哪里?"
p1.s2　鲤鱼妈妈说:"你们的妈妈四条腿,宽嘴巴。
p1.s3　你们到那边去找吧!"
p2.s0　小蝌蚪游哇游,过了几天,长出两条前腿。
……

图5-10　例文 text_id=1.2.34

以 p1.s0 句为例,在为该句中的 zero_pro 选取候选词时,可以得到该句中的名词"小蝌蚪",但仅使用该词语,或者选取它在句中的上下文,信息仍然不够充分。但实际上,"小蝌蚪"在篇章中出现不止一次,如 p0.s0 和 p2.s0 都出现了该词,且上下文携带的信息非常丰富;此外,p1.s1 句中虽然没有出现"小蝌蚪"一词,但由于位置相邻、语义紧密,该句的语义对"小蝌蚪"也是非常有益的信息补充。此时如果将这些"小蝌蚪"的篇章信息都作为其语义信息的补充,就可以得到更加丰富的语义表示。因此本章将候选词在上下文中的信息融入候选词的语义信息建模,以获得更加丰富、完整的候选词语义表示。

---

① T. X. Wei, W. G. Qu, J. S. Zhou, et al. Improving chinese word representation with conceptual semantics. Computers, Materials & Continua, 2020, 64(3):1897-1913.
② T. X. Wei, X. H. Chen, S. W. Shi, et al. Optimizing the taxonomy and hierarchy of a chinese lexical database-cilin. In Proceedings of the 5th International Conference on Behavioral, Economic, and Socio-Cultural Computing. 2018:99-102.

三、融入篇章语义信息的编码

(一) 零代词语义表示

在对零代词语义表示中,本文使用零代词上下文和零代词篇章信息共同对其语义进行表示。

1. 零代词上下文表示

对于某个零代词 zp,分别取其所在句长度为 n 的上下文,则上下文可以表示为:

$$zp_{pre} = \{x_{zp-n}, x_{zp-n+1}, x_{zp-n+2}, \cdots, x_{zp-1}\} \quad (5-24)$$

$$zp_{post} = \{x_{zp+1}, x_{zp+2}, x_{zp+3}, \cdots, x_{zp+n}\} \quad (5-25)$$

通过词向量模型训练,可以得到每个词语的向量,可以表示为:

$$V_{zp\_pre} = \{v_{zp-n}, v_{zp-n+1}, v_{zp-n+2}, \cdots, v_{zp-1}\} \quad (5-26)$$

$$v_{zp\_post} = \{v_{zp+1}, v_{zp+2}, v_{zp+3}, \cdots, v_{zp+n}\} \quad (5-27)$$

得到零代词上文向量 v_{pre} 和 v_{post} 之后,将之送入循环神经网络(RNN)分别得到零代词上下文的隐层表示为 H_{pre} 和 H_{post},将之拼接,作为零代词上下文语义表示,计算公式如下所示:

$$H_i^{pre} = RNN(v_i^{pre}, H_{i-1}^{pre}) \quad (5-28)$$

$$H_i^{post} = RNN(v_i^{post}, H_{i-1}^{post}) \quad (5-29)$$

$$H_{pre} = \{H_1^{pre}, H_2^{pre}, \cdots, H_n^{pre}\} \quad (5-30)$$

$$H_{post} = \{H_1^{post}, H_2^{post}, \cdots, H_n^{post}\} \quad (5-31)$$

其中 v_i 为上下文中第 i 个输入,H_{i-1} 为上下文中第 $i-1$ 个词语的隐层输出。之后将 H_{pre} 和 H_{post} 拼接,得到 zp 的隐层表示,公式表示如下:

$$H_{zp} = \{H_{pre}; H_{post}\} \quad (5-32)$$

2. 零代词篇章信息表示

在篇章中,零代词一定隶属于某个话题,因此篇章话题的语义信息可以作为零代词的篇章全局信息对零代词表示进行补充。由于汉语篇章话题常常是所在句子的主语,因此本节将篇章中主语位置词语建模为篇章话题信息。公式表示为:

$$subjects = \{subject_1, subject_2, \cdots, subject_n\} \quad (5-33)$$

其中 n 为篇章中所有出现在主语位置的词语数量,可以由遍历 CAMR 图读取每个句子中的 arg0 得到。对于多个词语构成的短语类 subject,本文只取

其中心词进行计算。之后,通过词向量训练可以得到所有 subject 的向量表示,计算公式为:

$$V_{subjects} = \{v_1^{subject}, v_2^{subject}, v_3^{subject}, \cdots, v_m^{subject}\} \quad (5-34)$$

其中 m 为篇章中所有主语位置的词语数量。然后通过选取不同的位置分布,得到 k 个分布内所有 subject,对这些向量取平均,作为该分布内篇章话题信息的向量表示,这样就得到了 k 个维度的篇章话题信息向量,第 j 个分布的篇章话题信息向量计算公式为:

$$v_j^{tbj} = \frac{1}{n} \sum_{i=1}^{n} v_i^{subject} \quad (5-35)$$

其中 n 为某个分布内 subject 的数量。本节实验只取了一个分布中的篇章话题信息向量 $[0, i_{zp}]$,即零代词前所有 subjects 向量,然后取平均得到 v_i^{tbj}。

之后将篇章话题向量送入一个循环神经网络(RNN)得到其隐层表示 H_{tbj},其计算公式为:

$$H_i^{tbj} = RNN(v_i^{tbj}, H_{i-1}^{tbj}) \quad (5-36)$$

(二) 候选先行词语义表示

在对候选先行词语义进行建模时,本节使用候选先行词(np)、候选先行词句中上下文(npc)、候选先行词所在句上下文(nps)、候选先行词篇章上下文(npt)四个方面的语义信息共同对候选先行词语义进行表示。

1. 候选先行词本身语义表示

对于零代词的候选先行词,首先要对其本身语义进行建模。根据第四章第三节对零代词位置的统计分析可以知道,现有的选取零代词所在句和前两句的方法只能获得 81.59%(一代词)和 94.19%(+代词)的候选词,为进一步扩大候选词范围,本文选用零代词[-3,+1]窗口内的所有名词作为候选先行词集合,这样获得的候选词就可以覆盖 86.41% 和 97.78% 的先行词。对于名词短语,则只取其中心词。在得到所有候选先行词向量集合后,通过一个循环神经网络(RNN)层得到其隐层输出,其中第 i 个 np 的隐层输出 H_i^{np} 计算公式为:

$$v_{np} = \{v_1^{np}, v_2^{np}, \cdots, v_i^{np}, \cdots, v_n^{np}\} \quad (5-37)$$

$$H_i^{np} = RNN(v_i^{np}, H_{i-1}^{np}) \quad (5-38)$$

2. 候选先行词句中上下文语义表示

对于一个词语来说,离它最近的上下文对其语义表示的重要性毋庸赘述,因此我们首先提取其上下文。对于一个候选先行词 np_i,提取其当前句窗口为

n 的上下文短语的集合,公式为:

$$npc = \{x_{i-n}, x_{i-n+1}, \cdots, x_{i-1}, x_{i+1}, x_{i+2}, \cdots, x_{i+n}\} \quad (5-39)$$

其中 i 为 np 在句中的位置,句中第 i 个词语 x_i 即 np,x_{i-n} 即 np 前第 n 个词语,x_{i-n} 即 np 后第 n 个词语。将其向量送入循环神经网络(RNN)得到其隐层表示 H_{npc},其中第 i 个 npc 的隐层输出 H_i^{npc} 计算公式为:

$$H_i^{npc} = RNN(v_i^{npc}, H_{i-1}^{npc}) \quad (5-40)$$

3. 候选先行词篇章局部信息语义表示

在指代消解任务中,常常只使用词语所在句中的上下文作为该词语的上下文。然而对于一个词语来说,除了所在句之外,词语前后相邻句的语义通常与该词语也有着非常紧密的联系,也可以在一定程度上反映该词语的语义信息。因此选取一个候选先行词 np 窗口为 $2m$ 的前后句集合作为该候选先行词的篇章局部信息,其集合可以表示为:

$$nps = \{s_{j-m}, s_{j-m+1}, \cdots, s_{j-1}, s_{j+1}, s_{j+2}, \cdots, s_{j+m}\} \quad (5-41)$$

其中 j 为候选词所在句在篇章中的位置,s_j 即 np 所在句,s_{j-m} 即为候选词所在句前面第 m 个句子,s_{j+m} 为 np 所在句后面第 m 个句子。每个句子都使用 BERT 来训练得到句子向量,计算公式为:

$$v_i^s = BERT\_sent(s_i) \quad (5-42)$$

$$v_{nps} = \{v_{j-m}^s, v_{j-m+1}^s, \cdots, v_{j-1}^s, v_{j+1}^s, v_{j+2}^s, \cdots, v_{j+m}^s\} \quad (5-43)$$

得到候选先行词前后窗口中的所有句子向量后,送入循环神经网络(RNN)得到其隐层表示 H_{nps},其中第 i 个 nps 的隐层输出 H_i^{nps} 计算公式为:

$$H_i^{nps} = RNN(v_i^s, H_{i-1}^{nps}) \quad (5-44)$$

4. 候选先行词篇章全局信息语义表示

有的候选词会在篇章中多次出现,这些候选词同形词在篇章中的上下文对于候选词的语义表示也有着非常重要的作用。因此,本文提取篇章中 np 在其他位置出现时的上下文作为候选词篇章全局信息的语义表示。为方便计算,选用篇章中出现 np 的所有句子,如候选先行词为"老百姓",则提取所有含有"老百姓"的句子,其集合表示为:

$$npt = \{s_1^t, s_2^t, \cdots, s_m^t\} \quad (5-45)$$

其中 m 为 np 在篇章 t 中出现的句子 s 的数量。同样使用 BERT 预训练微调后得到句子向量表示。由于不同文本不同候选词的篇章候选句数量不一,因此本节选取篇章中 k 个位置分布,对每个位置分布中的候选句子向量取平均,

作为候选词在该位置分布的篇章全局信息,其中第 j 个分布中的候选词篇章向量的计算公式为:

$$v_i^t = BERT\_sent(s_i^t) \qquad (5-46)$$

$$v_j^{npt} = \frac{1}{n}\sum_{i=1}^{n} v_i^t \qquad (5-47)$$

其中 v_i^t 为第 t 个候选先行词出现在篇章中的第 i 个句子的句子向量,n 为分布范围 j 中含有候选词的句子数量。本节实验中选取了两种分布的候选词篇章向量,一是全文候选词篇章向量,由候选词在全文中出现的所有句子得到,二是零代词前候选词篇章向量,使用候选词在零代词前出现的所有句子得到。之后用循环神经网络(RNN)得到其隐层表示 H_{npt},其中第 i 个 npt 的隐层输出 H_i^{npt} 计算公式为:

$$H_i^{npt} = RNN(v_i^t, H_{i-1}^t) \qquad (5-48)$$

此外,通过读取零代词和候选词所在句的 CAMR 图,还可以获得它们在句子中的位置和语义角色,从而构建起一个特征模板。模板共计 10 个特征,组成一个 15 维的 one-hot 特征向量 $v_{feature}$,如图 5-11 所示。

♯ 先行词所在句与零代词所在句的距离
♯ 与零代词在同一句时,候选词是否在零代词前
♯ 零代词是否为句首或分句首
♯ 零代词是否为分句首
♯ 零代词所在句是否有 arg0
♯ 零代词所在句是否有 arg1
♯ 候选词是否在第一分句
♯ 候选词是否在最后分句
♯ 候选词是否为所在句 arg0
♯ 候选词是否为所在句 arg1

图 5-11 特征模板图

四、篇章信息感知的零指代消解模型

本节介绍实验用到的两个模型,分别为篇章信息感知的双向注意力模型(Text-aware Bi-attention Model)和篇章信息感知的多向注意力模型(Text-aware Multi-attention Model)。

(一) 篇章信息感知的双向注意力模型

由于零指代消解任务本质上是为零代词筛选候选先行词的过程，因此本文构建一个篇章信息感知的双向注意力模型，将篇章话题信息融入零代词语义表示，将候选先行词上下文、篇章局部信息和篇章全局信息融入候选词语义表示，通过计算两者之间的双向注意力，进行零指代消解。模型架构如图 5-12 所示。

其中，零代词的隐层表示 H'_{zp} 由 H_{zp} 和 H_{sbj} 拼接得到，计算公式为：

$$H'_{zp} = \{H_{zp}; H_{sbj}\} \tag{5-49}$$

候选词与候选词篇章全局信息组成候选词语义表示 v_{candi}，经过一个循环神经网络（RNN），得到隐层表示 H'_{candi}，其中第 i 个隐层表示 H'^{candi}_i 的计算公式为：

$$v_{candi} = \{v_{np}; v_{npt}\} \tag{5-50}$$

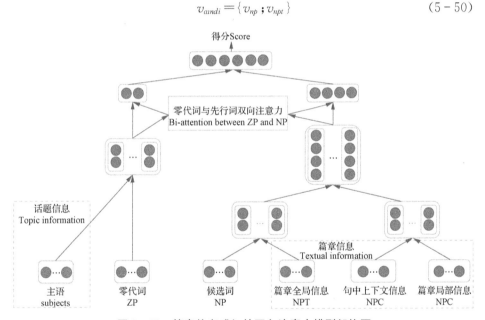

图 5-12 篇章信息感知的双向注意力模型架构图

$$H'^{candi}_i = RNN((v^{candi}_i), H'^{candi}_{i-1}) \tag{5-51}$$

候选词句子上下文信息和篇章局部信息组成候选词篇章上下文信息 $candi\_context$，经过一个 RNN，得到隐层表示 $H'_{candi\_context}$，其中第 i 个隐层表示 $H'^{candi\_context}_i$ 的计算公式为：

$$H'^{candi\_context}_i = RNN((v^{npc}_i; v^{nps}_i), H'^{candi\_context}_{i-1}) \tag{5-52}$$

之后将两者拼接在一起作为候选词的隐层表示 H'_{np}。公式表示为：

$$H'_{np} = \{H'_{andi}; H'_{andi\_context}\} \quad (5-53)$$

接着计算 H'_{zp} 与 H'_{np} 之间的 attention 值，并将 attention 值与另一方的乘积对自己更新，计算公式为：

$$att = \text{softmax}(\text{ReLU}(w_1^T H'_{zp})^T * \text{ReLU}(w_2^T H'_{np})) \quad (5-54)$$

$$\widetilde{H}_{zp} = H'_{zp} + att * H'_{np} \quad (5-55)$$

$$\widetilde{H}_{np} = H'_{np} + att * H'_{zp} \quad (5-56)$$

然后分别进行自注意力（self-attention）计算，并将结果作为权重分别对其进行更新得到 H_{zp} 和 H_{np}，其中自注意力计算公式为：

$$att_{self} = \text{softmax}(W_1 \tanh(W_2 \widetilde{H})) \quad (5-57)$$

$$H = att_{self} \cdot (\widetilde{H})^T \quad (5-58)$$

在解码时，将 H_{zp} 和 H_{np} 作为输入，使用一个两层的前馈神经网络进行解码，使用 softmax 进行归一化，最终得到一个 np 是否为 zp 的概率。计算公式为：

$$s_i = \tanh(w_i \cdot s_{i-1} + b_i) \quad (5-59)$$

$$score = w_{score} \cdot s_i + b_{score} \quad (5-60)$$

其中 s_i 的输入为 $[H_{np}; H_{zp}; v_{feature}]$，$w_i$、$b_i$、$w_{score}$、$b_{score}$ 分别为第 i 层和 score 层的权重和偏置。

（二）篇章信息感知的多向注意力模型

考虑到篇章话题信息和候选先行词的篇章信息是非常重要的语义信息，相互之间也存在着一定的语义联系，因此本节构建一个篇章信息感知的多向注意力模型，将篇章话题信息、候选先行词上下文、篇章局部信息和篇章全局信息分别作为输入，同时考虑它们之间的交互作用，从而进行零指代消解。模型架构如图 5-13 所示。

首先，计算 H'_{zp} 和 H'_{sbj} 的注意力，然后对其进行更新，得到 $\widetilde{H}_{zp}$ 和 $\widetilde{H}_{sbj}$，计算公式为：

$$\widetilde{H}_{zp} = H'_{zp} + att_{zp\_sbj} \cdot H'_{sbj} \quad (5-61)$$

$$\widetilde{H}_{sbj} = H'_{sbj} + att_{sbj\_zp} \cdot H'_{zp} \quad (5-62)$$

其次分别计算 H'_{np} 与 H'_{npc}、H'_{npt}、H'_{nps} 之间的注意力，并对本身信息进行

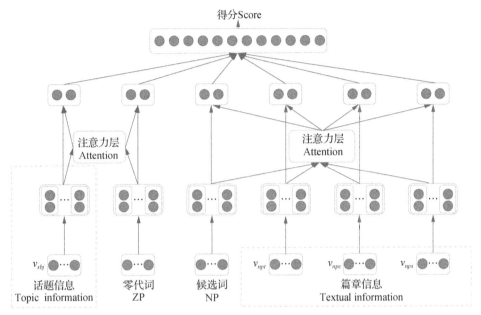

图 5-13 篇章信息感知的多向注意力模型架构图

更新,计算公式为:

$$\widetilde{H}_{nps} = H'_{nps} + att_{nps\_np} * H'_{np} \quad (5-63)$$

$$\widetilde{H}_{npc} = H'_{npc} + att_{npc\_np} * H'_{np} \quad (5-64)$$

$$\widetilde{H}_{npt} = H'_{npt} + att_{npt\_np} * H'_{np} \quad (5-65)$$

$$\widetilde{H}_{np} = H'_{np} + att_{np\_npc} * H'_{npc} + att_{np\_nps} * H'_{nps} + att_{np\_npt} * H'_{npt} \quad (5-66)$$

然后对得到的各个隐层 $\widetilde{H}$ 表示分别进行自注意力计算,计算公式为:

$$att_{self} = \mathrm{softmax}(W_1 \tanh(W_2 \widetilde{H})) \quad (5-67)$$

$$H = att_{self} \cdot (\widetilde{H})^T \quad (5-68)$$

这样就可以得到各项输入的最终表示,分别为零代词表示 H_{zp}、话题语义表示 H_{sbj}、候选词表示 H_{np}、候选词句中上下文表示 H_{npc}、候选词篇章局部信息 H_{nps} 以及候选词篇章全局信息 H_{npt}。

最终模型的输入为 $x_{input} = \{H_{zp}; H_{np}; H_{sbj}; H_{npc}; H_{nps}; H_{npt}; v_{feature}\}$,将之送入一个两层双曲正切函数进行解码,得到的 output 为每个零代词对应的所有候选先行词的概率,选取其中概率最大的先行词作为最终的预测结果。

本文使用 Lin[①] 等使用的 pairwise_margin loss 作为损失函数,评价时选取精确率、召回率和 F 值作为评价指标。

五、评估指标

本节使用精确率(Precision)、召回率(Recall)以及调和平均值 F1 来对实验结果进行评估。其中 P 值计算公式如下:

$$P = \frac{Num_{correct}}{Num_{predict}} \qquad (5-69)$$

P 值计算的是正确预测到的零代词先行词数量 $Num_{correct}$ 在所有预测的先行词数量 $Num_{predict}$ 中的比例。

召回率 R 计算的是正确预测到的零代词先行词数量 $Num_{correct}$ 在实际语料中所有先行词数量 Num_{gold} 中的比例,其计算公式如下:

$$R = \frac{Num_{correct}}{Num_{gold}} \qquad (5-70)$$

F1 值计算的则是精确率和召回率的调和平均值,一般来说,F1 值能够平衡 P 值和 R 值,因此能够更加合理地评估一个模型的优劣,计算公式如下:

$$F1 = \frac{2 * P * R}{P + R} \qquad (5-71)$$

六、基线模型与参数设置

由于 CDAMR 语料刚刚构建,尚未有研究使用,因此本文实验基线模型(Baseline Model)设置为:使用本文第一个模型——篇章感知的双向注意力模型作为基线模型,零代词上下文作为 zp 表示,零代词所在句[-2,+0]窗口内所有名词短语为先行词候选词 np,之后逐渐加入 npc、nps、npt 等篇章信息。

本文参数设置如表 5-2 所示。本模型采用 BERT 预训练微调后得到字向量,通过平均操作得到词向量,句子向量同样由 BERT 得到。

---

① P. Lin, M. Yang, Hierarchical attention network with pairwise loss for Chinese zero pronoun resolution. In Proceedings of the 34th AAAI Conference on Artificial Intelligence,2020:8352-8359.

表 5-2　基于 CDAMR 语料库的零指代消解模型超参数设置

超参数名称	数值设置
迭代次数	100
学习率	0.000 05
学习衰减率	0.0001
词向量维度	768
句子向量维度	768
注意力层数	2
批大小	256
丢弃率	0.5

七、实验结果与分析

本节第一个实验是在 Baseline 模型中分别加入篇章话题语义、候选词句内上下文、候选词篇章局部信息、候选词篇章信息，以验证各种篇章信息对于实验结果的效果。实验结果如表 5-3 所示。

表 5-3　基于 CDAMR 的篇章信息感知双向注意力模型实验结果

Text-aware Bi-attention Model	$P(\%)$	$R(\%)$	$F(\%)$	$+(\%)$
Baseline	56.51	56.37	56.44	—
+npc	57.87	57.73	57.80	+1.36
+npt	57.13	56.98	57.05	+0.61
+nps	55.14	55.01	55.07	−1.37
+sbj	58.74	58.59	58.66	+2.22
+feature	57.62	57.47	57.54	+1.10
+candidate	57.18	57.11	57.14	+0.70
+all	54.95	54.88	54.92	−1.52

从表 5-3 中可以看到，除了篇章局部信息外[1]，其他所有类别的篇章信息的添加都会带来性能的提升，证明了篇章语义信息对于零指代消解任务的有效性。其中在 Baseline 上提升最大的是候选词篇章话题信息 sbj 的添加，相对 Baseline，加入 sbj 后 F 值提高到 58.66%，带来了 2.22 个点的提升。除此之外，加入句子上下文 npc 提升了 1.36 个点；加入候选词篇章全局信息 npt 提升了 0.61 个点；加入特征 feature 提升了 1.1 个点；扩大候选词范围提升了 0.7 个

---

[1]　对两个模型中任意一个有提升作用就可以认为是对模型有效的篇章信息。

点。这些实验结果都说明了篇章信息的加入对性能有很好的提升作用。

但是当把所有特征都加入模型时,并不会带来性能的累加提升,仅获得 54.92% 的 F 值,甚至比 Baseline 还要低 1.52 个点。这说明,仅仅将多项篇章信息附加在原先的零代词和候选词之后,会造成信息的叠加,进而造成模型的过拟合,这就需要对各项篇章信息进行分项处理。因此,我们使用本文第二个模型——篇章信息感知的多向注意力模型进行实验,实验的结果如表 5-4 所示。

表 5-4 基于 CDAMR 的篇章信息感知多向注意力模型实验结果

模型	$P(\%)$	$R(\%)$	$F(\%)$
Baseline	56.51	56.37	56.44
Baseline+sbj	58.74	58.59	58.66
Baseline+all	54.95	54.88	54.92
Text-aware Multi-attention Model	59.90	59.83	59.86

可以看到,多向注意力模型相对于 Baseline 加入所有篇章语义信息后得到的 F 值提升了 4.94 个点,比 Baseline+sbj 得到的双向注意力模型下的性能最高值 58.66% 还提升了 1.2 个点。这是因为双向注意力模型本质上还是只计算零代词和候选词之间的注意力,而多向注意力模型则将篇章信息与零代词和候选词的语义关系都考虑在内,加入了更加丰富的篇章信息,因此消解性能获得了很大提高,证明了本文提出的篇章感知的多项注意力模型的有效性。

为了探索这些篇章信息各自在篇章零指代消解任务中所起的作用,本节进行了消融实验,实验结果如表 5-5 所示。

表 5-5 篇章信息感知的多向注意力模型消融实验结果

模型	$P(\%)$	$R(\%)$	$F(\%)$
Text-aware Multi-attention Model	59.90	59.83	59.86
-sbj	58.29	58.22	58.25
-npc	54.83	54.76	54.79
-nps	59.53	59.46	59.49
-npt	59.90	59.83	59.86
-feature	56.81	56.73	56.77
-candidate	57.62	57.48	57.55

可以看到,除了篇章全局信息外,去掉其他类别的篇章信息时模型性能都有不同程度的下降。当模型去掉候选词句中上下文 npc 时,F 值下降 5.07 个

点;当去掉特征模板 feature 后,F 值下降 3.09 个点;当去掉篇章话题信息 sbj 时,F 值下降 1.61 个点;当去掉候选词篇章局部信息 nps 时,F 值下降 0.37 个点。这些都验证了在候选词语义表示中补充篇章信息对模型有提升作用。当缩减候选句范围时,F 值也降低了 2.31 个点,说明扩大候选句范围能够明显帮助模型找到更多的候选先行词。以上结果都说明篇章语义信息能够提供更多的信息,从而提升零指代消解的性能;同时,也证明了本文提出的篇章感知的多向注意力模型能够有效捕捉到篇章信息,并缓解模型的过拟合,从而提升任务性能。

第三节 篇章语义信息对模型性能提升的验证实验与分析

第二节中基于 CDAMR 语料库,提出篇章信息感知的多向注意力模型,在零指代消解中融入多种篇章级语义信息,实验证明,篇章语义信息的加入能够有效提升实验结果。本节我们将在 OntoNotes 语料上,在两个基线模型中加入篇章语义信息,以验证篇章语义信息对于零指代消解等语义解析任务的有效性。

一、语料介绍

目前绝大多数指代消解研究均在 OntoNotes 语料上进行,本节采用的两个 Baseline 也使用该语料,因此首先对 OntoNotes 语料进行简单介绍。OntoNotes 是语言数据联盟(LDC)推出的综合性标注语料,该语料库包含三种语言的语料,即英语、汉语和阿拉伯语。标注内容包括句法信息、谓词论元结构、浅层语义等,最新推出的 5.0 版本中汉语部分还增加了主语位置的零指代标注,但只标注主语位置的零指代。表 5 - 6 为该语料中文部分文本分布情况及数据集大小。

表 5 - 6 OntoNotes 文本来源分布表

	新闻 News	新闻访谈 BN	广播电视 Bc	网络论坛 Web	电话录音 Tele	文本 数量(个)
大小	250 k	250 k	150 k	150 k	100 k	1563 k

OntoNotes 在对共指信息进行标注时,标注其句中位置、所属链和对应词语,同时在句子缺省零代词的位置使用 * pro * 来进行表示。图 5 - 14 为 OntoNotes 共指信息标注示例。

```
0 联合国秘书长新闻办公室前天宣布,美国当天向联合国补交了 2.17 亿美元的会费。
1 但*OP*①其所拖欠*T*-1 的联合国会费仍居各国之首,达 13.2 亿美元。
2 *pro*约占*OP*各会员国所欠*T*-1 会费总额的 56%。
Coreference chains for section 0:
─────────────────────────────────────────
    Chain 2 (IDENT)
        0.0-0           联合国
        0.10-10         联合国
        1.7-7           联合国
    Chain 3 (IDENT)
        0.4-4           前天
        0.8-8           当天
    Chain 4 (IDENT)
        0.7-7           美国
        1.2-2           其
    Chain 8 (IDENT)
        1.1-8           *OP*其所拖欠*T*-1 的联合国会费
        2.0-0           *pro*
```

图 5-14 OntoNotes 共指标注示例图

其中,每条链中包含若干个词或者短语,相互之间为共指关系,每个词或短语由"句子索引+词语索引"来表示其在文本中的位置,如短语"各国"的索引"1.11-12"意思为该短语位于第 1 句第 11 个索引位置至第 12 个索引位置。句子中的零代词以"*pro*"表示,以其应该出现的位置为其编号,如上文中的"*pro*"位置"2.0-0",意思为该零代词位于第二句索引位置 0。该语料训练集测试集已经分好,数据如表 5-7 所示。

5-7 OntoNotes 数据集统计

	文档	句子	词语	零代词
训练集(个)	1391	36 487	756k	12 111
测试集(个)	172	6083	110k	1713
合计(个)	1563	42 570	866k	13 824

二、基线模型介绍

为了验证篇章语义信息对零指代消解的价值,本节将采用两个基线模型,分别在对零代词和候选词进行编码时,加入篇章语义信息,其他参数保持不变,最后

---

① 本段语料中*OP*和*T*皆为 OntoNotes 句法标签,为展现语料原貌,此处一并展示。

将实验结果与两个基线模型进行对比分析。下面分别对两个基线模型进行介绍。

（一）**基线模型 Baseline_1**

本节使用的第一个基线模型 Baseline_1 源自 2018 年 Yin 等人在自然语言处理顶级会议 ACL 上发表的论文 *Zero pronoun resolution with attention-based netural network*，这篇文章率先在指代消解中使用注意力机制捕获零代词和候选先行词之间的关系，并取得了当时的最好水平（state-of-the-art）。

该模型在对零代词 zp 进行编码时，Baseline_1 采用了零代词上下文对零代词进行表示，选取零代词[－10，＋10]窗口内所有词语，采用了 RNN 对零代词前文和后文进行双向编码，对得到的隐层进行自注意力计算，最后将前文和后文的输出进行拼接作为零代词最终的表示 H_{zp}。

在对候选词 np 进行编码时，采用了候选词组成字的加权进行表示，之后同样送入一个 RNN 对候选词语义进行编码，得到候选词的表示 H_{np}。之后计算 H_{zp} 与 H_{np} 之间的注意力，并将得到的结果作为权重对其进行更新。

此外，该文还使用了一个特征模板 feature，对零代词和候选词的句法特征进行记录。特征模板利用 OntoNotes 语料自带的句法树，选取了零代词和候选词的句法树标签、它们所在句的距离、它们在句子中所处的句法位置、是否为中心语、父节点是否为 NP、是否从属于小句 IP 等特征，共计 3 大类 27 个特征，构成了 61 维的 one-hot 向量。特征模板与 H_{np} 和 H_{zp} 一起作为输入进行解码。该文使用交叉熵作为损失函数。

（二）**基线模型 Baseline_2**

本文采用的第二个基线模型是基于 2020 年 Lin 等人在人工智能顶级会议之一 AAAI 上发表的文章 *Hierarchical Attention Network with Pairwise Loss for Chinese Zero Pronoun Resolution* 得到的。该研究开始注意到候选词本身语义不够丰富，因此在模型中加入了候选词前后窗口为 N 的词语作为上下文语义对候选词语义进行补充，同时使用了层级注意机制计算零代词与候选词上下文之间的语义关系。除此之外，该研究还针对自然语料中零代词语料正负不平衡的现象提出了 Pairwise Loss 损失函数来解决这一问题。语料同样使用的是 OntoNotes 5.0 的语料。

在零代词语义表示方面，该文采用了与 Baseline_1 相同的零代词上下文，在计算时，首先使用了窗口为[－10，＋10]的零代词上下文作为输入，将其词向量输入循环神经网络(RNN),在得到隐层输出后计算与候选词上下文的交互信息产生的 attention 值对零代词表示进行更新。

在对候选词进行语义表示时,采取的方法与 Baseline_1 相同,此处不再赘述。除了候选词本身语义,该文还使用了候选词的上下文 npc 作为候选词语义表示的补充。方法是选取候选词上下文$[-n,+n]$窗口内的词语,将其词向量输入 RNN,分别得到H_{np_pre}和H_{np_post},将两个隐层向量拼接,即可得到候选词上下文隐层表示H_{npc}。分别计算H_{npc}与H_{np}和H_{zp}的注意力,并将结果分别对H_{np}和H_{zp}进行更新。最后,将最终的隐层表示H_{npc}、H_{np}和H_{zp}送入解码器,得到分类结果。在损失函数方面,基于零代词预测中正负例极端不平衡的情况,该文设计了一个基于对的边界损失函数(Pairwise - margin Loss),分别统计每个候选词集合的正误比例,根据集合中的正误数量设置边界值(Margin),使用输出与边界值的差累加作为损失值,实验证明该损失函数也能够带来任务性能的提升。

三、篇章语义信息有效性验证实验与分析

(一)编码模块

要对自然语言进行计算,首先要做的是将自然语言中的词语转换为可以计算的向量。本节两个 Baseline 采用的词向量均使用 Word2vec 训练得到。而目前主流使用的词向量多使用 BERT 或其他预训练词向量模型得到的向量。为了验证篇章语义信息在预训练模型之上仍然能够提升模型性能,本节实验分别在两个基线模型上使用不同的词向量模型来得到向量表示,其中在基于 Baseline_1 的实验中加入 BERT 预训练词向量,基于 Baseine_2 的实验则采用 Word2vec 词向量。

首先调用 Python 第三方库 Transformers 的 Bert - Base - Chinese 预训练模型对文本进行训练,每个词语输出 768 维向量。由于 BERT 输出的并非词语向量,而是字向量,而本文所用语料均已预处理为词,因此使用词语的构成字取均值来获得词向量,公式如下:

$$e_w = \frac{1}{n}\sum e_c \qquad (5-72)$$

其中e_c为词语w的构成字的向量,n为词语中构成字的数量。

(二) 融合篇章语义信息的零代词建模

对于某个零代词 zp,本节采取与第二节中零代词相同的编码方式,取其所在句窗口为 $2n$ 的上下文,通过词向量训练得到其上下文表示,计算公式为:

$$v_{zp\_pre} = \{v_{zp-n}, v_{zp-n+1}, v_{zp-n+2}, \cdots, v_{zp-1}\} \quad (5-73)$$

$$v_{zp\_post} = \{v_{zp+1}, v_{zp+2}, v_{zp+3}, \cdots, v_{zp+n}\} \quad (5-74)$$

需要提取篇章中的话题信息。由于篇章中的零代词基本可以在其前文中找到,因此选用 k 个位置分布中所有句子的句法树标注为<subject>的词或者短语 sbj 作为篇章话题信息,可以表示为:

$$Subjects = \{sbj_1, sbj_2, sbj_3, \cdots, sbj_m\} \quad (5-75)$$

其中 m 为该分布中<subject>的数量。本节实验共取了两个分布中的篇章话题信息向量:一是全文篇章话题信息向量,由篇章起始位置至零代词前的所有<subject>向量得到;二是最近篇章话题信息向量,由距离零代词最近的前五个<subject>得到。

得到所有 sbj 的向量后,对其进行取平均操作,得到的向量可以看作是携带了整篇文章<subject>的信息。由于并没有去重,当某个<subject>出现的次数越多,最终的向量携带的该词语的信息也就越多。计算公式为:

$$v_{sbj} = \frac{1}{m}\sum_{i=1}^{m} v_i^{sbj} \quad (5-76)$$

这样就可以分别得到 v_{zp_pre}、v_{zp_post} 和 v_{sbj},将三个向量进行拼接就可以得到零代词的表示,公式如下:

$$v_{zp} = \{v_{zp\_pre}; v_{zp\_post}; v_{sbj}\} \quad (5-77)$$

(三) 融合篇章语义信息的候选先行词建模

1. 候选先行词语义表示

现有研究中对候选词的筛选办法是选取零代词前两句中的所有名词和名词短语作为候选词。为了与现有研究做对比,本节沿用这一候选词筛选办法。通过筛选,得到候选先行词集合,再使用词向量训练模型得到每个先行词组成词的语义表示,公式为:

$$v'_{np} = \{v_1^{np}, v_2^{np}, \cdots, v_i^{np}, \cdots, v_n^{np}\} \quad (5-78)$$

其中 n 为候选先行词数量。

2. 候选先行词篇章局部信息语义表示

接下来需要提取候选先行词在篇章中的相关信息,为候选先行词的篇章语义进行建模。对于一个候选先行词np_i,其前后最邻近的句子与该先行词的语义相关性最大,因此提取np_i所在句前后窗口为k的上下文句子,将每个句子的句子向量作为候选先行词局部篇章语义表示nps,计算公式为:

$$v_{nps} = \{v_{j-k}, v_{j-k+1}, v_{j-k+2}, \cdots, v_{j-1}, v_j, v_{j+1}, v_{j+2}, \cdots, v_{j+k}\} \quad (5-79)$$

其中j为候选词所在句在篇章中的位置,v_{j-k}即为候选词所在句前面第k个句子的句子向量,v_{j+k}即为候选词所在句后面第k个句子的句子向量。句子向量同样由BERT预训练微调后得到。

3. 候选词篇章全局信息语义表示

最后,提取候选词在篇章中所有同形词的上下文,即候选词在篇章中出现的所有的句子作为其篇章全局语义信息,同样采用由BERT得到的句子向量作为该句的语义表示,这样就得到了候选词在篇章中全局信息的向量集合,计算公式为:

$$v_{npt} = \{v_1^t, v_2^t, v_3^t, \cdots v_i^t, \cdots, v_n^t\} \quad (5-80)$$

其中v_i^t为第t个候选先行词出现在篇章中的第i个句子的句子向量。n为候选先行词出现在篇章中的次数。之后选取篇章中k个位置分布,对每个位置分布中的候选句子向量取平均,作为候选词在该位置分布的篇章全局信息,其中第j个分布中的候选词篇章向量的计算公式为:

$$v_{npt} = \frac{1}{n} \sum_{i=1}^{n} v_i^t \quad (5-81)$$

本节实验中选取了两个位置分布的候选词篇章向量,一是全文候选词篇章向量,由候选词在全文中出现的所有句子得到;二是零代词前候选词篇章向量,使用候选词在零代词前出现的所有句子得到。最终,对于一个候选先行词np,使用先行词本身向量、其局部篇章向量、全局篇章向量共同作为其语义表示[①],公式如下:

$$v_{np} = [v'_{np}; v_{nps}; v_{npt}] \quad (5-82)$$

(四) 实验结果与分析

1. 与Baseline_1对比实验结果与分析

本节实验采用与Baseline_1相同的训练集、测试集、参数设置、模型以及输出函数和损失函数。在编码中分别加入BERT、sbj、nps、npt等篇章级语义信

[①] 因为Baseline_2中已经使用候选词所在句上下文向量npc,因此此处不再介绍。

息,对比实验的结果如表5-8所示。

表5-8 基于Baseline_1的零指代消解实验结果

模型	$P(\%)$	$R(\%)$	$F(\%)$
Baseline_1	—	—	57.30[①]
+BRET	59.36	58.39	58.87
+BRET+sbj	60.07	59.08	59.58
+BRET+nps	60.01	59.02	59.52
+BRET+npt	60.19	59.21	59.69
+BRET+sbj+nps+npt	59.66	58.68	59.16

可以看到,在Baseline基础上加入BRET预训练词向量,使F值提升了1.57个点,这说明好的语义表示对于提升篇章语义计算有着非常重要的作用,也再次证明了BRET在词向量预训练方面的强大性能。在此基础上,分别在零代词语义表示中增加篇章话题信息(+sbj)、在候选先行词语义表示中加入篇章局部信息(+nps)、篇章全局信息(+npt),可以看到:零代词中篇章概念信息的加入,使模型精确率、召回率均有不同程度的提高,F值提高了0.71个点;除此之外,候选先行词上下文和篇章语义的加入也非常显著地提高了模型的各项指标,篇章局部信息nps的加入使F值相对于只使用BERT提升了0.65个点,而篇章全局信息的加入使F值提升了0.82个点。这都再次证明了篇章语义知识对于零指代消解是非常有用的语义信息。

不过也要看到,把篇章话题信息、候选词篇章局部和全局信息同时加入模型时,并没有使模型得到进一步提升,甚至比不上添加任一单项信息的结果。其原因在于两类信息能够使分类器额外识别到的是同一批(零代词、候选先行词)对,因此在一定程度上出现了叠加效应,造成模型学习的过拟合,故而没有使得模型整体性能进一步提高。在后续工作中我们将继续研究如何使两类信息先后作用于模型,从而进一步提高模型性能。

2. 与Baseline_2的对比实验与分析

本节实验在沿用原研究参数设置和损失函数的基础上,改变零代词和候选先行词建模,以进行对比实验。由于对零代词和候选先行词进行计算时,在篇章中抽取的篇章话题和先行词篇章句的维度不固定,需要对其进行取均值操作,因此实验中将原模型中传入向量的位置从网络内转移到网络外,以保证对

---

① 原文只报告了F值,没有报告P值和R值。

比实验中所有参数相同。把调整后的模型作为 Baseline_2,分别加入零代词篇章概念语义和候选词全局篇章语义后,实验结果如表 5-9 所示。

表 5-9 基于 Baseline_2 的零指代消解实验结果

模型	$P(\%)$	$R(\%)$	$F(\%)$
Baseline_2	59.48	58.44	58.95
+sbj	60.43	59.37	59.89
+npt	59.83	58.79	59.31
+nps	59.89	58.84	59.36
+sbj+nps+npt	58.88	57.85	58.36

与 Baseline_1 相比,Baseline_2 增加了候选词上下文的表示以及对损失函数进行了调整,F 值从 57.30% 提高到了 58.95%。在此基础上我们加入了零代词篇章概念语义表示 sbj,性能提升非常明显,F 值从 58.95% 提升到了 59.89%,提高了 0.94 个百分点;在加入候选词篇章全局信息表示 npt 后,模型性能同样有所提升,达到了 59.31%,也提高了 0.36 个百分点;加入候选词篇章局部信息表示 nps 后,F 值也提升了 0.41 个点,达到 59.36%。这再一次证明了在解决零指代消解过程中,突破局部语义、增加篇章语义表示对于模型有着非常重要的作用。这同时也给予我们一定启示:在自然语言处理研究中,除了不断优化算法、优化模型以外,增加语言学知识表示,使机器在学习浅层语义的同时,也学习深层语义表示,能够与模型互增互补,共同提高任务性能,提升机器自然语言理解能力。

不过将候选词篇章概念语义和先行词篇章语义同时加入模型,并不能使模型实现叠加的增长,甚至没有达到原模型的性能。这与第二节实验以及 Baseline_1 上实验的结果相一致。其原因就在于 Baseline_1 和 Baseline_2 现有模型并不能完全利用到这两方面的语义信息,且当可用信息增加,模型在学习特征时,更加容易导致过拟合现象。由于本节主要讨论篇章语义信息的作用,因此不再对模型进行修改。在后续工作中,我们将继续改进模型,使模型充分学习各项语义信息,从而进一步提高模型性能。

本节实验验证了篇章信息对于零指代消解任务有非常好的提升作用,这证明在篇章语义计算任务中,篇章级语义信息是非常重要、不可忽视的信息。

第四节　CDAMR 语料质量分析

本节将通过对比实验对 CDAMR 语料质量进行分析。由于第三节实验基于 OntoNotes 语料，而第二节提出的模型基于 CDAMR 语料，语料不同，无法进行直接对比。经过分析发现，第三节中 Baseline_1 和 Baseline_2 模型在语料处理和利用上与本文模型最大的不同就在于特征的使用。Baseline_1 和 Baseline_2 使用的特征源自于 Chen 等人[①] 2013 年为指代消解任务制订的特征模板，该模板包括了零代词句法树特征、候选先行词句法树特征、零代词与候选先行词联合特征三大类共 27 个特征，组成 61 维特征表示。而本文模型使用的特征来自小学语料 CAMR 标注中的论元角色标签。除了句法树和 AMR 表示无法进行转换，其他语料预处理过程可以采用相同方式。因此本节进行了特征消融实验，将基线模型和本文模型中的特征去除，就可以得到相同模型下不同语料的实验结果，从而对语料进行对比。实验结果如表 5-10 所示。

表 5-10　不同模型特征模板消融实验结果

模型	语料	特征	$P(\%)$	$R(\%)$	$F(\%)$	$+(\%)$
Baseline_1	OntoNotes	+feature	59.36	58.39	58.87	
		−feature	43.97	43.25	43.61	——
	CDAMR	+feature	52.02	47.55	49.81	
		−feature	51.70	47.98	49.77	+6.16
Baseline_2	OntoNotes	+feature	59.48	58.44	58.95	
		−feature	45.69	44.89	45.29	——
	CDAMR	+feature	51.02	47.35	49.11	
		−feature	50.48	46.84	48.59	+3.30

可以看到，在 OntoNotes 语料上使用 Baseline_1 模型，去掉特征后，F 值仅为 43.61%，也就是说，特征的加入带来了超过 15 个点的性能提升；而在 CDAMR 上同样使用 Baseline_1 模型，去掉本文特征后，F 值仍为 49.77%，比 OntoNotes 语料上的结果高了 6.16 个点。同样地，在 OntoNotes 语料上使用 Baseline_2 模型，去掉特征后，F 值仅为 45.29%，也就是说特征的加入能够带

[①] C. Chen, V. Ng. Chinese zero pronoun resolution: Some recent advances. In Proceedings of the 2013 Conference on Empirical Methods in Natural Language Processing. 2013:1360-1365.

来超过 13 个点的提升；而在 CDAMR 语料上去掉本文特征，F 值为 48.59%，比 OntoNotes 语料上的结果高了 3.3 个点。在模型相同的情况下，使用 CDAMR 语料的模型的实验结果均好于使用 OntoNotes 语料的模型。这说明仅从语料角度出发，CDAMR 语料对于机器学习来说，更加容易学习和捕获特征。也就是说，本书构建的 CDAMR 表示体系和语料能够更好地对篇章抽象语义进行表示，实验结果证明了它在篇章语义表示上的优越性。

Baseline_1 和 Baseline_2 原模型之所以能够获得更好的效果，主要得益于手工定制的 61 维特征模板。由于 OntoNotes 是一个综合性语料，标注中还提供每个句子的句法信息、句中短语结构信息以及词语的词性等信息，因此基于此的特征模板涵盖了零代词和候选先行词的位置特征、句法特征、词性特征、所在短语或小句特征，非常详细。复杂的特征模板的确带来了性能的巨大提高，但是这使得模型非常依赖于语料标注。CAMR 与 OntoNotes 相比，虽然也对句子结构进行了表示，但它从语义出发，只标注了词语的论元结构，与句法结构和句子语序并非一一对应，因此本文模型只是简单选取了候选词在 CAMR 中的语义角色和位置作为特征，并没有使用句法树信息。虽然与基线模型相比，加上特征后性能并没有显著提高，但也验证了本文模型并不依赖手工特征模板，因此也更具有可迁移性。Baseline_1 和 Baseline_2 所用特征与本文模型所用特征对比如表 5-11 所示。

表 5-11 基于 OntoNotes 模型与本文模型所用特征对比

	基于 OntoNotes 模型特征	本文模型特征
先行词与零代词联合特征	间隔距离（如果在同一句为 0，间隔 1 句为 1，间隔 2 句为 2，共 3 维） 是否在同一句（2 维） 在同一句时，候选词是否为离零代词最近的 NP（2 维） 在同一句时，是否左右相邻（2 维） 句法角色是否相同（2 维） 中心动词是否相同（2 维）	间隔距离（如果在同一句为 0，前 1 句为 1，前 2 句为 2，前 3 句为 3，后 1 句为 4，后 2 句为 5，其他为 6，共 7 维） 在同一句时，候选词是否在零代词前（1 维）

续表

	基于 OntoNotes 模型特征	本文模型特征
零代词特征	是否属于 NP(2 维) 是否属于包含 NP 的 IP(2 维) 是否属于 VP(2 维) 是否属于包含 VP 的 IP(2 维) 是否属于 CP(2 维) 如果属于 CP,是否有父节点,父节点是否属于 IP,是否为根节点(5 维) 句法角色是否为 SBJ(3 维) 句法角色是否为 HLN(2 维) 是否为句中第一个零代词(2 维) 是否为句中最后一个零代词(2 维)	是否为句首(1 维) 是否为分居首(1 维) 所在句是否有 arg0,arg1(2 维)
候选词特征	是否属于 IP(2 维) 是否属于 VP(2 维) 是否属于包含 VP 的 IP(2 维) 是否属于 CP(2 维) 如果属于 CP,是否有父节点,父节点是否属于 IP,是否为根节点(5 维) 句法角色是否为 SBJ、OBJ (3 维) 是否为 ADV(2 维) 是否为 TMP(2 维) 句法角色是否为 PN(2 维) 句法角色是否为 HLN(2 维) 是否为引文(2 维)	是否在第一分句(1 维) 是否在最后一个分句(1 维) 是否为所在句 arg0、arg1(2 维)

除此之外,经过对 CDAMR 和 OntoNotes 语料进行对比分析,发现两个语料在以下几个方面有所不同:

其一,CDAMR 和 OntoNotes 语料在零代词标注的内容和类型不同。OntoNotes 只标注主语位置的零代词,而 CDAMR 的零代词标注则含括了主语位置、宾语位置和修饰语位置的零代词。多项研究表明,在代词脱落语言中,零代词倾向于回指主语,如 Carminati 对意大利语的研究[①]发现零代词倾向于回指

---

① M. N. Carminati. The processing of Italian subject pronouns. Amherst: University of Massachusetts, 2002.

主语先行语,Yang 等人的自定步速阅读实验①、李榕的眼动阅读实验②以及王倩等的自定步速阅读实验③均显示,对汉语来说,零代词更倾向于回指主语先行语。在机器学习中,这一特征很容易被模型捕获,因此从消解难度上来说,主语位置的零指代消解难度相对宾语位置和修饰语位置要更容易。而包含了宾语位置零代词和修饰语位置零代词的 CDAMR 语料从消解难度上比 OntoNotes 语料要大。同时 CDAMR 语料规模较小,一共只有 4541 个零代词,这也意味着对于宾语位置和修饰语位置的零代词来说,由于数量少,在模型学习过程中得不到充分训练,识别效果就会更差。

其二,OntoNotes 语料为新闻广播,而 CDAMR 语料涵盖记叙文、描写文、说明文、议论文、诗歌、对话等多种语类,诗歌和对话在零指代使用上的分布与特点与一般的记叙文和描写文不同,消解难度更大。

其三,CDAMR 和 OntoNotes 语料在零代词标注的数量和密度不同。表 5-12 是 CDAMR 和 OntoNotes 语料零代词标注的数量和分布密度的对比。

表 5-12 CDAMR 与 OntoNotes 零代词标注数据对比

	篇章(篇)	句(条)	零代词(个)	零代词/篇章(个)	零代词/句子(个)
CDAMR	333	8592	4541	13.64	0.53
OntoNotes	1563	42570	13824	8.84	0.32

可以看到,CDAMR 虽然篇章数量较少,但平均每篇标注零代词数量 13.64 个,而 OntoNotes 中每篇平均只有 8.84 个,比 CDAMR 少了一半,零代词与句子比也比 CDAMR 少了近一半,这说明 OntoNotes 中零代词的标注密度比 CDAMR 低很多,这也就意味着对于 CDAMR 中的零代词来说,由于密度更大,单个零代词能够获得的篇章信息更少。

总的来说,CDAMR 语料标注内容更加细致、涵盖语类范围更广。但也要看到,本书提出的基于 CDAMR 的篇章信息感知多向注意力模型性能仍不到 60%,还达不到实际应用的需求,经过分析,有这样几方面的原因:

---

① C. L. Yang, P. C. Gordon, R. Hendrick, et al. Comprehension of referring expression in chinese. Language and Cognitive Processes,1999,14(5/6):715-743.
② 李榕,P. Mak, T. Sanders:《汉语第三人称回指语形式眼动阅读实验》,《中国语文》,2016 年第 1 期,第 83-92 页。
③ 王倩,梁君英:《空代词和显性代词在语篇回指中的分工机制研究》,《外国语(上海外国语大学学报)》,2020 年第 1 期,第 2-12 页。

第一，CDAMR 语料规模仍然较小。对于深度学习模型来说，语料规模越大，模型对语料的学习越充分，越能够捕获语料中的有用信息；相反语料越小，随机性越大，性能就越差。CDAMR 仅包含 333 篇文本 4541 个零代词，这对于深度学习模型来说仍然是一个比较小的语料，而 OntoNotes 则包含 1563 篇文档、13 824 个零代词，规模远大于 CDAMR 语料。在今后的工作中，我们将进一步扩大 CDAMR 语料，以期为篇章语义计算任务提供更大量级、更加准确、语义更加丰富的篇章抽象语义语料。

第二，本文模型只使用了候选句中的所有名词作候选词，并没有考虑名词短语的情况，这对消解结果产生了一定的影响。

第三，模型还有进一步提升的空间。无论是两个基线模型还是本文模型，性能仍然较低，远达不到应用水平，这说明在建模过程中还有一些被忽略、没有被捕捉到的信息，因此今后的另一项工作就是进一步改进模型，提升机器对篇章抽象语义学习的能力。同时进一步探索将篇章语义信息融入其他自然语言处理任务，以推进语言学知识与自然语言处理的融合，共同提升篇章语义计算性能。

本章小结

本章针对目前研究只使用零代词和候选词句中上下文作为其语义表示的问题，将篇章信息编码后作为零代词全局信息，同时将候选词在篇章中的信息也进行编码融入其语义表示，提出篇章信息感知的多向注意力模型，并在 CDAMR 语料库上开展了零指代消解实验，验证了篇章级语义关系对零代词消解任务有着重要的作用。除此之外，在 OntoNotes 语料上的实验证明，与两个基线模型相比，融入了篇章语义信息的模型取得了更好的性能，证明了篇章语义信息的补充对于零代词消解有重要的作用。特征消融实验证明，本书构建的 CDAMR 语料比 OntoNotes 语料在相同模型下实验性能更好，这说明本书构建的 CDAMR 更好地表示了篇章抽象语义，证明了 CDAMR 在篇章抽象语义表示上的优势。

结　语

篇章，是人类语言的最大单位，也是人类进行意图输出的重要单位。要让机器理解人类语言，在语音、词语、句法、句义之后，最终要落实到对篇章整体语义的理解。而篇章语义除了由其组成成分（包括字、词、句子、段落、章节）参与构成之外，还有各层次内部的组合关系以及层次与层次之间的逻辑语义关系，甚至还需要结合相应的场景和语境来进行推理和理解。如何将这些隐形不可见的知识与信息表示出来，以何种形式使计算机学习，设计何种模型能够高效地对这些知识表示、学习和理解，都是自然语言处理需要解决的难点和重点。针对目前篇章语义表示资源存在的问题，本书构建了一个对篇章结构语义和概念语义同时进行表示的篇章抽象语义表示体系 CDAMR 及相应的语料库，并利用构建的语料库在零指代消解任务上验证了篇章级语义信息的加入对于任务性能提升的价值。然而篇章语义生成机制复杂、影响变量繁多，本书研究只是做了初步尝试，未来在篇章语义表示方面还有广阔的空间需要进一步探索和完善，以推进自然语言篇章理解研究的不断深入。

一、工作总结

本书针对汉语篇章抽象语义表示进行分析和研究，研究工作和取得的成果可以概括为以下几个方面：

1. 汉语篇章抽象语义表示体系的研究与构建。本书针对篇章语义构成的特点，借鉴篇章宏观结构理论、修辞结构理论等，提出了一个对篇章语义单元之间横向语义关系及各层篇章语义单元之间的纵向语义关系进行表示的结构语义关系表示体系；同时借主述位理论、话题链理论和篇章回指理论等，提出了一个对篇章中表示共指的概念进行表示的概念语义关系表示体系。在借鉴 AMR 图结构的基础上，遵循篇章语义构成特点，将篇章表示为一个 CDAMR 篇章抽象语义表示图。篇章抽象语义表示体系的构建，为之后的资源构建和篇章语义计算模型设计奠定了基础。

2. 汉语篇章抽象语义语料库资源 CDAMR 的构建与分析。基于本书提出的汉语篇章抽象语义表示体系，本书进行了相应的资源标注和构建工作。搭建了标注平台 CDAMR Annotator，训练标注人员，组织试标和讨论，进行一致性分析。并在标注过程中，迭代地对汉语篇章表示体系标注规范进行修正。本书语料选自人教版小学语文教材，话题丰富，语类多样，能够代表汉语篇章的基本面貌，构建起一个包含 333 篇语料 8592 个句子的汉语篇章抽象语义语料库，为后续篇章语义表示研究提供了有效的资源。

3. 基于 CDAMR 语料库，对汉语篇章结构语义关系和概念语义关系进行了统计和分析。首先统计分析了篇章层次、关系、语类分布等篇章基本面貌和特点，以及与 CAMR 做了对比与分析；其次对篇章结构的分布和类型做了统计分析，发现在汉语篇章中，中心—论述型结构占了绝对比例，其中又以总分型占比最大。在概念语义关系方面，统计分析了汉语篇章中共指方式的类型与分布，提出了两个衡量共指链概念对篇章语义贡献度的指标——共指链篇章跨度和区间密度；对零代词位置分布以及零代词与概念的距离进行了统计分析；对篇章中共指链分化子链的语义关系进行了统计和分析等；最后对 CDAMR 篇章语义的图结构进行了分析。通过以上统计和分析，可以得到汉语篇章结构语义和概念语义的基本面貌与特征，为篇章语义计算工作提供有效的语义知识信息。

4. 融入篇章语义信息的汉语篇章零指代消解研究。本书以自然语言处理一项基础任务——零指代消解作为研究对象，探索篇章语义信息对于篇章语义计算的价值，验证本书提出的 CDAMR 表示体系在篇章语义表示上的优越性。首先以 CDAMR 语料为基础，将篇章话题等语义信息作为篇章语义知识融入零代词和候选词语义表示，同时建立一个多向注意力模型，以捕获零代词、候选词以及篇章语义知识之间的相关性。实验结果显示，融入了篇章语义信息与知识的多向注意力模型在零指代消解任务上与 Baseline 相比取得了很大的性能提升。其次在 OntoNotes 语料上，将篇章语义信息进行编码后融入零代词和候选词的语义表示，在两个基线模型上的实验均证明，篇章语义信息的加入能够有效提高零指代消解性能。这再次证明了篇章语义信息与知识对零指代消解性提升的价值，以及篇章语义表示对自然语言处理和机器学习的重要性。

二、工作展望

本书在汉语篇章语义表示体系、资源构建以及其自然语言处理中的应用方面进行了研究，并取得了初步的成果。然而必须看到的是，未来的路还很长，当前的篇章语义计算效果虽然得到了提升，但与实际应用需求来说仍然有很大距离。下一阶段，我们的研究将从以下几个方面展开：

1. 挖掘影响汉语篇章语义构成的其他因素并对其进行表示，进一步对汉语篇章抽象语义表示体系进行完善。影响篇章语义表示构成的因素除了结构逻辑语义和概念语义之外，还有很多，如外部知识、语境因素等。对这些因素进行表示，并使之可由机器学习，是我们下一步工作的目标之一。

2. 进一步扩大汉语篇章抽象语义语料库的规模。当前人教版小学语文语料语类丰富、覆盖面广，但这也会造成一个问题——同一类别的语料数量不足。因此我们下一步的工作任务就是进一步扩大语料规模，在扩大每个类别语料数量的基础上，扩展更多领域语料，包括新闻、应用文等，以更好地展现汉语篇章的全貌，并为机器学习提供更加丰富充足的语料。

3. 将CDAMR语料库应用于更多的自然语言处理任务，挖掘其应用价值。本书限于篇幅，仅在零指代消解任务上对CDAMR语料库的应用价值进行了验证。除此之外，CDAMR语料库还可以应用于文本摘要、自动作文评分、关系抽取、共指消解等多项自然语言处理中的篇章语义计算任务，因此下一阶段的研究将在这些方面展开，以进一步挖掘CDAMR语料库对于自然语言处理研究的应用价值。

附 录

1. 本书术语表

术语	英文名称	备注
抽象语义表示	AMR	Abstract Meaning Representation
中文抽象语义表示	CAMR	Chinese Abstract Meaning Representation
汉语篇章抽象语义表示	CDAMR	Chinese Discourse Abstract Meaning Representation
篇章	Discourse	大于句子的、表达一个完整语义信息、前后衔接连贯的语言整体
篇章语义单元	Semantic Discourse Unit	篇章表述语义的单位，篇章语义关系所涉及的内容，内部语义有一致性，可为句子、句群、段落到章节
篇章关系识别	Discourse relation recognition	识别两个篇章单元间语义关系的任务
显式关系	Explicit relation	包含关联词的篇章单元之间的关系
隐式关系	Implicit relation	不包含关联词的篇章单元之间的关系
共指概念	Coreferent	篇章中以不同形式、多次出现、对组成篇章语义有重要作用的概念
共指链	Coreference-chain	篇章中一个共指概念的多个表述形成的链
先行词	Anaphora	共指链上首次出现能够概括共指概念语义的表述
表述	Mention	共指概念在篇章中的实例
主链	Parent-chain	能够分化出子链的共指链
子链	Child-chain	由主链子概念分支出的共指链
篇章关系标记	Discourse marker	能够表示篇章单元间语义关系的关联词或短语
语类	Genre	篇章的类型，又叫体裁

术语	英文名称	备注
共指链跨度	Coreference-chain span	用于衡量共指链在篇章中分布的范围
共指链区间密度	Coreference-chain local density	用于衡量共指链在篇章局部出现的频次
词语跨度	Word discourse span	用于衡量词语在篇章中分布的范围
词语区间密度	Word local density	用于衡量词语在篇章局部出现的频次
零指代消解	Zero pronoun resolution	为零代词寻找先行词的过程
零代词	Zero pronoun	篇章中以零形式出现的、对共指链概念进行共指的表述
候选先行词	Candidate anaphora	零代词的候选词集合

2. 概念共指语义关系表

类别	标注	与共指概念关系
先行词	REF	同指
零形共指	zero	同指
代词共指	pro	同指
同形共指	copy	同指
同义共指	syn	同指
比喻共指	mtph	喻体-本体
部分共指	mero	部分-整体
成员共指	indv	成员-集合
上义共指	hyp	上义-下义
属性共指	attr	属性-实体
空间共指	loc	整体-部分空间

3. CDAMR 篇章结构语义关系表

大类	小类	标注	arg0	arg1	说明
总分	详述	elaboration	核心	阐述	中心句在前
	总分	summary	阐述	核心	中心句在后
	背景	background	背景	前景	引入时间地点人物等
	评价	evaluation	阐述	评价	对前文内容评价
	延伸	extension	阐述	延伸	后 SDU 为前 SDU 事件的后续及尾声

续表

大类	小类	标注	arg0	arg1	说明
扩展	扩展	expansion	核心	核心	无中心句,增添新信息
	并列	list	核心	核心	无中心句,之间有并列关系,论元可多于两个
解说	解说	interpretation	核心	核心	后SDU对前SDU进行解答
	补充	specification	核心	说明	对前句某部分信息补充说明
时序	时序	temporal	核心	核心	SDU为事件过程,之间有明显时间序列关系
因果	因果	causation	起因	后果	前后SDU有致使或因果关系
	推论	inference	事实	结论	后SDU是从前SDU得出的结论
	目的	purpose	事实	目的	后SDU为前SDU的目的
对比	对比	comparison	核心	核心	两者之间有平行对比关系
	转折	contrast	阐述	核心	两个SDU之间为语义转折关系

4. 小学语料语类分布统计表

	记叙文	描写文	说明文	议论文	现代诗歌	对话	总计
一年级	38	5	0	0	7	0	50
二年级	42	12	6	1	1	0	62
三年级	38	11	9	1	0	0	59
四年级	33	18	9	2	0	0	62
五年级	28	15	6	1	2	2	54
六年级	24	10	5	5	2	0	46
总计	203	71	35	10	12	2	333

5. CDAMR篇章顶层语义关系分布表

类别	背景	延伸	总结	详述	评价	应答	时序	扩展	并列	对比
记叙文	51	58	23	19	10	0	25	12	5	0
描写文	10	9	17	11	8	1	3	7	3	2
说明文	4	7	11	5	5	1	0	2	0	0
议论文	0	2	5	1	0	0	0	1	1	0
现代诗歌	1	1	0	1	1	0	0	4	4	0
对话	0	0	0	0	0	0	0	2	0	0
合计	66	77	56	37	24	2	28	28	13	2
占比/%	19.82	23.12	16.82	11.11	7.21	0.60	8.41	8.41	3.90	0.60

6. CDAMR 语料库主链与子链语义关系分布表

	记叙文	描写文	说明文	议论文	诗歌	对话	合计
部分	97	53	38	6	10	2	206
成员	66	43	24	3	8	3	147
空间	28	16	11	7	0	0	62
属性	8	11	2	0	0	0	21
同义	12	3	1	0	0	0	16
比喻	6	3	1	0	1	0	11
上义	2	2	0	1	0	0	5
合计	219	131	77	17	19	5	468

参考文献

一、出版著作

[1] Daneš F. Papers on functional sentence perspective[M]. Prague: Academia, 1974.

[2] De Beaugrande R, Dressler W U. Introduction to text linguistics[M]. London: Longman, 1981.

[3] Halliday M A K, Hasan R. Cohesion in English[M]. New York: Longman, 1976.

[4] Halliday M A K. Linguistic studies of text and discourse[M]. London: Continuum, 2002.

[5] Halliday M A K. An introduction to functional grammar[M]. 2nd ed. London: Edward Arnold, 1994.

[6] Hoey M. Patterns of lexis in text[M]. Oxford: Oxford University Press, 1991.

[7] Hockett C F. A course in modern linguistics[M]. New York: Macmillan, 1958.

[8] Huang Y. Anaphora: A cross-linguistic study[M]. New York: Oxford University Press, 2000.

[9] Li C N, Thompson S A. Subject and topic[M]. New York: Academic Press, 1984.

[10] Martin J R. English text: Sytem and structure[M]. Amsterdam: John Benjamins Publishing Company, 1992.

[11] Martin J R, Rose D. Working with discourse: Meaning beyond the clause[M]. 2nd ed. London: Continuum, 2007.

[12] Tsao F. A functional study of topic in chinese: The first step toward

discourse analysis[M]. Taipei: Student Book Co. ,1979.

[13] van Dijk T A. Macrostructures: An interdisciplinary study of global structures in discourse, interaction, and cognition[M]. Hillsdale, NJ: Lawrence Erlbaum Associates, 1980.

[14] van Dijk T A. News as discourse[M]. Hillsdale, NJ: Lawrence Erlbaum Associates, 1988.

[15] Widdowson H G. Discourse analysis[M]. Oxford: Oxford University Press, 2007.

[16] 高名凯. 语法理论[M]. 北京:商务印书馆,2011.

[17] 高彦梅. 语篇语义框架研究[M]. 北京:北京大学出版社,2015.

[18] 黄伯荣,廖序东. 现代汉语:上册[M]. 2版. 北京:高等教育出版社,1997.

[19] 马泰休斯. 关于句子的所谓实际切分[M]//王福祥,白春仁. 话语语言学论文集. 北京:外语教学与研究出版社,1989.

[20] 胡曙中. 英语语篇语言学研究[M]. 上海:上海外语教育出版社,2005.

[21] 胡壮麟. 语篇的衔接与连贯[M]. 上海:上海外语教育出版社,1994.

[22] 黄国文. 语篇分析概要[M]. 长沙:湖南教育出版社,1988.

[23] 陆俭明. 现代汉语语法研究教程[M]. 3版. 北京:北京大学出版社,2005.

[24] 屈承熹. 汉语篇章语法[M]. 北京:北京语言大学出版社,2006.

[25] 吴为章,田小琳. 汉语句群[M]. 北京:商务印书馆,2000.

[26] 邢福义. 汉语复句研究[M]. 北京:商务印书馆,2001.

[27] 徐赳赳. 现代汉语篇章语言学[M]. 北京:商务印书馆,2010.

[28] 叶枫. 语篇语义学[M]. 上海:上海世界图书出版公司,2017.

[29] 张德禄,刘汝山. 语篇连贯与衔接理论的发展及应用[M]. 上海:上海外语教育出版社,2003.

二、期刊论文

[1] Frecman R E, Kinneavy J L. A theory of discourse: The aims of discourse[J]. College Composition and Communication. 1973,24(2):228.

[2] Harris Z S. Discourse analysis[J]. Language, 1952, 28(1):1.

[3] Harris Z S. Distributional structure[J]. Word, 1954, 10(2/3): 146 - 162.

[4] Harris Z S. Co-occurrence and transformation in linguistic structure[J]. Language. 1957, 33(3): 283 - 340.

[5] Ji Y F, Eisenstein J. Entity-augmented distributional semantics for discourse relations[J]. Transaction of the Association for Computational Linguistics, 2014 (3):329 - 344.

[6] Li H R, Zhang J J, Zong C Q. Implicit discourse relation recognition for English and Chinese with multiview modeling and effective representation learning[J]. ACM Transactions on Asian and Low-Resource Language Information Processing, 2017, 16(3):1 - 21.

[7] Lin Z H, Ng H T, Kan M Y. A PDTB-styled end-to-end discourse parser[J]. Natural Language Engineering, 2014, 20(2):151 - 184.

[8] Mann W C, Thompson S A. Rhetorical structure theory: Toward a functional theory of text organization[J]. Text-Interdisciplinary Journal of the Study of Discourse, 1988, 8(3):243 - 281.

[9] Martin J R. Prosodic 'structure': Grammar for negotiation[J]. Ilha do Desterro, 2004(2): 41 - 82.

[10] Martin J R, Plum G. Construing experience: Some story genres[J]. Journal of Narrative and Life History, 1997,7(1/2/3/4): 299 - 308.

[11] Martha P. Consistent criteria for sense distinctions[J]. Computers and the Humanities, 2000, 34 (1/2): 217 - 222.

[12] McCarty J F, Lehnert W G. Using decision trees for coreference resolution[J]. Learning, 1999, 47(1): 1050 - 1056.

[13] Rosenblatt F. Perceptron simulation experiments[J]. Proceedings of the IRE, 1960, 48(3): 301 - 309.

[14] Rumelhart D E, Hinton G E, Williams R J. Learning representations by back-propagating errors[J]. Nature, 1986,323(6088):533 - 536.

[15] Shi B Q, Qu W G, Dai R B, et al. A general strategy for researches on Chinese "的(de)" structure based on neural network[J]. World Wide

Web, 2020, 23(6):2979-3000.

[16] Soon W M, Ng H T, Lim D C Y. A machine learning approach to coreference resolution of noun phrases[J]. Computational Linguistics, 2001, 27(4):521-544.

[17] Wei T X, Qu W G, Zhou J S, et al. Improving chinese word representation with conceptual semantics[J]. Computers, Materials & Continua, 2020, 64(3):1897-1913.

[18] Yang C L, Gordon P C, Hendrick R, et al. Comprehension of referring expressions in chinese[J]. Language and Cognitive Processes, 1999, 14(5/6):715-743.

[19] Yeh C L, Chen Y C. Zero anaphora resolution in Chinese with shallow parsing[J]. Journal of Chinese Language and Computing, 2007, 17(1):41-56.

[20] Zhou Y P, Xue N W. The chinese discourse treebank: A Chinese corpus annotated with discourse relations[J]. Language Resources and Evaluation, 2015, 49(2):397-431.

[21] 车婷婷,洪宇,周小佩,等. 基于功能连接词的隐式篇章关系推理[J]. 中文信息学报,2014,28(2):17-27.

[22] 戴茹冰,侍冰清,李斌,等. 基于AMR语料库的汉语省略与论元共享现象考察[J]. 外语研究,2020,37(2):16-23.

[23] 胡金柱,舒江波,胡泉,等. 复句关系词自动识别中规则的表示方法研究[J]. 计算机工程与应用,2016,52(1):127-132.

[24] 胡明扬,劲松. 流水句初探[J]. 语言教学与研究,1989(4):42-54.

[25] 贾旭楠,魏庭新,曲维光,等. 基于神经网络的复句判定及其关系识别研究[J]. 计算机工程,2021,47(11):54-61.

[26] 蒋玉茹,张禹尧,毛腾等. 汉语零形回指消解研究综述[J]. 中文信息学报,2020,34(3):1-12.

[27] 李斌,闻媛,卜丽君,等. 英汉《小王子》抽象语义图结构的对比分析[J]. 中文信息学报,2017,31(1):50-57.

[28] 李斌,闻媛,宋丽,等. 融合概念对齐信息的中文AMR语料库的构建[J]. 中文信息学报,2017,31(6):93-102.

[29] 李国臣,张雅星,李茹. 基于汉语框架语义网的篇章关系识别[J]. 中文信息学报,2017,31(6):172-179.

[30] 李榕,Mak P, Sanders T. 汉语第三人称回指语形式眼动阅读实验[J]. 中国语文,2016(1):83-92.

[31] 李艳翠,孙静,周国栋. 汉语篇章连接词识别与分类[J]. 北京大学学报(自然科学版),2015,51(2):307-314.

[32] 李佐丰. 先秦汉语的零代词[J]. 中国语文,2019(3):259-277.

[33] 廖秋忠. 篇章中的论证结构[J]. 语言教学与研究,1988(1):86-101.

[34] 彭宣维. 语篇主题链系统[J]. 外语研究,2005(4):6-13.

[35] 曲维光,周俊生,吴晓东,等. 自然语言句子抽象语义表示AMR研究综述[J]. 数据采集与处理,2017,32(1):26-36.

[36] 宋柔,葛诗利,尚英,等. 面向文本信息处理的汉语句子和小句[J]. 中文信息学报,2017,31(2):18-24.

[37] 孙静,李艳翠,周国栋,等. 汉语隐式篇章关系识别[J]. 北京大学学报(自然科学版),2014,50(1):111-117.

[38] 孙坤. 汉语话题链的特点与本质:兼论话题链与零回指的差异[J]. 汉语学习,2014(6):52-63.

[39] 孙坤. 汉语话题链范畴、结构与篇章功能[J]. 语言教学与研究,2015(5):72-82.

[40] 王德亮. 汉语零形回指解析:基于向心理论的研究[J]. 现代外语,2004,27(4):350-359.

[41] 王倩,梁君英. 空代词和显性代词在语篇回指中的分工机制研究[J]. 外国语(上海外国语大学学报),2020,43(1):2-12.

[42] 魏庭新,曲维光,宋丽,等. 面向中文抽象语义表示的复句研究综述[J]. 厦门大学学报(自然科学版),2018,57(6):849-858.

[43] 闻媛,宋丽,吴泰中,等. 基于中文AMR语料库的非投影结构研究[J]. 中文信息学报,2018,32(12):31-40.

[44] 吴泰中,顾敏,周俊生,等. 基于转移神经网络的中文AMR解析[J]. 中文信息学报,2019,33(4):1-11.

[45] 徐赳赳,Webster J. 复句研究与修辞结构理论[J]. 外语教学与研究,1999,31(4):16-22.

[46] 徐盛桓. 主位和述位[J]. 外语教学与研究,1982,14(1):1-9.

[47] 杨进才,郭凯凯,沈显君,等. 基于贝叶斯模型的复句关系词自动识别与规则挖掘[J]. 计算机科学,2015,42(7):291-294.

[48] 张牧宇,宋原,秦兵,等. 中文篇章级句间语义关系识别[J]. 中文信息学报,2013,27(6):51-57.

[49] 张亚军,刘宗田,李强,等. 面向事件的中文指代语料库的构建[J]. 上海大学学报(自然科学版),2018,24(6):900-911.

[50] 赵知纬,钱龙华,周国栋. 一个面向信息抽取的中文跨文本指代语料库[J]. 中文信息学报,2015,29(1):57-66.

[51] 郑贵友. "小句中枢说"与汉语的篇章分析[J]. 汉语学报,2004(1):61-65.

[52] 周光亚. 篇章连贯性的定量分析[J]. 现代外语,1986(4):11-17.

[53] 周强. 汉语句法树库标注体系[J]. 中文信息学报,2004,18(4):1-8.

三、学位论文

[1] Carminati M N. The processing of Italian subject pronouns[D]. Amherst: University of Massachusetts, 2002.

[2] Converse S P. Pronominal anaphora resolution in Chinese[D]. Philadelphia, PA: University of Pennsylvania, 2006.

[3] 卜丽君. 基于AMR的中文句子语义标注及统计分析[D]. 南京:南京师范大学,2017.

[4] 褚晓敏. 宏观篇章结构表示体系、资源建设和计算模型研究[D]. 苏州:苏州大学,2018.

[5] 戴茹冰. 汉语抽象语义表示体系、资源构建及其应用研究[D]. 南京:南京师范大学,2020.

[6] 乐明. 汉语财经评论的修辞结构标注及篇章研究[D]. 北京:中国传媒大学,2006.

[7] 李艳翠. 汉语篇章结构表示体系及资源构建研究[D]. 苏州:苏州大学,2015.

[8] 王立凯. 中文零指代消解方法研究与实现[D]. 南京:南京师范大学,2020.

[9] 奚雪峰. 汉语篇章话题结构:表示体系、资源构建及其分析研究[D]. 苏州:苏州大学,2017.

[10] 张明尧. 基于事件链的语篇连贯研究[D]. 武汉:武汉大学,2013.

四、会议论文

[1] Banarescu L, Bonial C, Cai S, et al. Abstract meaning representation for sembanking[C]//The 7th Linguistic Annotation Workshop and Interoperability with Discourse. 2013:178-186.

[2] Bahdanau D, Cho K, Bengio Y. Neural machine translation by jointly learning to align and translate[C]//Proceedings of International Conference on Learning Representation. 2015.

[3] Chen C, Ng V. Chinese zero pronoun resolution: Some recent advances[C]//Proceedings of the 2013 Conference on Empirical Methods in Natural Language Processing. 2013:1360-1365.

[4] Chen C, Ng V. Chinese zero pronoun resolution: An unsupervised approach combining ranking and integer linear programming[C]//Proceedings of the 21st AAAI Conference on Artificial Intelligence. 2014:1622-1628.

[5] Chen C, Ng V. Chinese zero pronoun resolution: A joint unsupervised discourse-aware model rivaling state-of-the-art resolvers[C]//Proceedings of the 53rd Annual meetings of the Association for Computational Linguistics and the 7th International Joint Conference on Natural Language Processing. 2015:320-326.

[6] Chen C, Ng V. Chinese zero pronoun resolution with deep neural networks[C]//Proceedings of the 54th Annual Meetings of the Association for Computational Linguistics. 2016:778-788.

[7] Devlin J, Zbib R, Huang Z Q, et al. Fast and robust neural network joint models for statistical machine translation[C]//Proceedings of the 52nd Annual Meeting of the Association for Computational Linguistics. 2014:1370-1380.

[8] Devlin J, Chang M, Lee K, et al. Bert: Pre-training of deep bidirectional transformers for language understanding[C]//Proceedings of the 2019 Conference of the North American Chapter of the Association for Computa-

tional Linguistics: Human Language Technologies. 2019: 4171-4186.

[9] Dai Z, Huang R. Improving implicit discourse relation classification by modeling inter-dependencies of discourse Units in a paragraph[C]//Proceedings of the North American Chapter of the Association for Computational Linguistics. 2018: 1-6.

[10] Geng R Y, Jian P, Zhang Y X, et al. Implicit discourse relation identification based on tree structure neural network[C]//Proceedings of the 2017 International Conference on Asian Language Processing. IEEE, 2017: 334-337.

[11] Kong F, Zhou G D. A tree kernel-based unified framework for Chinese zero anaphora resolution[C]//Proceedings of Conference on Empirical Methods in Natural Language Processing. 2009: 882-891.

[12] Li B, Wen Y A, Qu W G, et al. Annotating the little prince with Chinese AMRs[C]//Proceedings of the 10th Linguistic Annotation Workshop Held in Conjunction with the Association for Computational Linguistics. 2016:7-15.

[13] Lin P Q, Yang M. Hierarchical attention network with pairwise loss for Chinese zero pronoun resolution[C]//Proceedings of the 34th AAAI Conference on Artificial Intelligence, 2020: 8352-8359.

[14] Lin Z H, Kan M Y, Ng H T. Recognizing implicit discourse relations in the Penn Discourse Treebank[C]//Proceedings of the 2009 Conference on Empirical Methods in Natural Language Processing. 2009:343-351.

[15] Liu Y, Li S J. Recognizing implicit discourse relations via repeated reading: Neural networks with multi-level attention[C]//Proceedings of the 2016 Conference on Empirical Methods in Natural Language Processing. 2016: 1224-1233.

[16] Louis A, Joshi A, Prasad R, et al. Using entity features to classify implicit discourse relations[C]//Meeting of the Special Interest Group on Discourse and Dialogue. 2010:59-62.

[17] Marcu D, Amorrortu E, Romera M. Experiments in constructing a corpus of discourse trees[C]//Proceedings of the Workshop on Towards

Standards and Tools for Discourse Tagging. 1999:48-57.

[18] Marcu D, Echihabi A. An unsupervised approach to recognizing discourse relations[C]//Proceedings of the 40th Annual Meeting on Association for Computational Linguistics. 2002:368-375.

[19] Mikolov T, Sutskever I, Chen K, et al. Distributed representations of words and phrases and their compositionality[C]//Proceedings of the 26th International Conference on Neural Information Processing Systems. 2013:3111-3119.

[20] Martin J R. Types of writing in infants and primary school[C]//Unsworth L. Reading, Writing, Spelling: Proceedings of fifth macarthur reading/language symposinm. Sydney: Macarthur Institnte of Higher Education, 1984.

[21] Pennington J, Socher R, Manning C. Glove: Global vectors for word representation[C]//Proceedings of the 2014 Conference on Empirical Methods in Natural Language Processing. 2014:1532-1543.

[22] Peters M, Neumann M, Iyyer M, et al. Deep contextualized word representation[C]//Proceedings of the North American Chapter of the Association for Computational Linguistics. 2018: 2227-2237.

[23] Pitler E, Nenkova A. Using syntax to disambiguate explicit discourse connectives in text[C]//Proceedings of the 2009 Association for Computational Linguistics. 2009:13-16.

[24] Pitler E, Louis A, Nenkova A. Automatic sense prediction for implicit discourse relations in text[C]//Proceedings of the Joint Conference of the 47th Annual Meeting of the Association for Computational Linguistics. 2009:683-691.

[25] Prasad R, Dinesh N, Lee A, et al. The penn discourse treebank 2.0 [C]//Proceedings of the 6th International Language Resources and Evaluation. 2008:2961-2968.

[26] Qin L H, Zhang Z S, Zhao H, et al. Adversarial connective-exploiting networks for implicit discourse relation classification[C]//Proceedings of the 55th Annual Meeting of the Association for Computational Linguistics.

2017:1006-1017.

[27] Rutherford A, Xue N W. Improving the inference of implicit discourse relations via classifying explicit discourse connectives[C]//Proceedings of the 2015 Conference of the North American Chapter of the Association for Computational Linguistics. 2015:799-808.

[28] Soricut R, Marcu D. Sentence level discourse parsing using syntactic and lexical information[C]//Proceedings of the 2003 Conference of the North American Chapter of the Association for Computational Linguistics on Human Language Technology. 2003:149-156.

[29] Vaswani A, Shazeer N, Parmar N, et al. Attention is all you need[C]//Proceedings of the 31st International Conference on Neural Information Processing Systems. 2017:6000-6010.

[30] Wang Y Z, Li S J, Yang J F, et al. Tag-enhanced tree-structured neural networks for implicit discourse relation classification[C]//Proceedings of the 8th International Joint Conference on Natural Language Processing. 2017:496-505.

[31] Wei T X, Chen X H, Shi S W, et al. Optimizing the taxonomy and hierarchy of a chinese lexical database-cilin[C]//Proceedings of the 5th International Conference on Behavioral, Economic, and Socio-Cultural Computing. 2018:99-102.

[32] Yin Q Y, Zhang Y, Zhang W N, et al. Chinese zero pronoun resolution with deep memory network[C]//Proceedings of the 2017 Conference on Empirical Methods in Natural Language Processing. 2017:1309-1318.

[33] Yin Q Y, Zhang Y, Zhang W N, et al. Deep reinforcement learning for Chinese zero pronoun resolution[C]//Proceedings of the 56th Annual Meeting of the Association for Computational Linguistics. 2018: 569-578.

[34] Yin Q Y, Zhang Y, Zhang W N, et al. Zero pronoun resolution with attention-based neural network[C]//Proceedings of the 27th International Conference on Computational Linguistics. 2018:13-23.

[35] Zhang Y X, Meng F D, Li P, et al. Context tracking network: Graph-based context modeling for implicit discourse relation recognition[C]//

Proceedings of the 2021 Conference of the North American Chapter of the Association for Computational Linguistics. 2021:1592-1599.

[36] Zhao S H, Ng H T. Identification and resolution of Chinese zero pronouns: A machine learning approach[C]//Proceedings of the 2007 Joint Conference on Empirical Methods in Natural Language Processing and Computational Natural Language Learning. 2007: 541-550.

[37] Zhou Y P, Xue N. PDTB-style discourse annotation of Chinese text [C]//Proceedings of the 50th Annual Meeting of the Association for Computational Linguistics. 2012:69-77.